me que les Ouvrages qui font dignes d'Elle, je ne prendrois pas
la liberté de lui prefenter celui-
ci ; mais comme par rapport à
vous, MONSEIGNEVR, je fais
une Relation de ce que j'ai vû
dans les Païs qui ont produit de
fi grands Hommes, & que je
laiffe à des Plumes plus delica-
tes la gloire de traiter les Matieres importantes du Tems qui
vous regardent, j'efpere que Vôtre Alteffe voudra bien agréer mon
Voyage d'Italie & de Grece. Il
vient ici comme un Etranger exilé
chercher un azile auprés de vous
contre les attaques de la Critique, & rapporter à la France,
que par tout l'Orient on y publie
la grandeur d'ame, le profond
favoir, l'experience, & toutes
les excellentes qualitez d'un
grand Capitaine, & d'un Heros

accompli , que Vôtre Alteſſe poſ-
ſede déja dans un âge, où les autres Princes ne ſont encore connus
que par leur naiſſance ; On y fait
retentir auſſi vos premiers coups
d'eſſai en Hongrie pour les interêts de la Foi ; & je ſuis témoin que dans ces Climats recu-
lez tout le monde admire ce qui
s'eſt fait par vôtre ſeule preſence
dans les Batailles de Stéenkerke
& de Neervinde, où vous avez
immortaliſé vôtre gloire par la
défaite des Ennemis de LOUIS
LE GRAND. Aprés ces Exploits
ſi éclatans & ſi dignes de l'au-
guſte Nom que vous portez, toute l'Europe attend avec impatience , que Vôtre Alteſſe faſſe le
bonheur & les delices des Peuples qui la demandent pour leur
Roi, & je ſouhaite par des vœux
particuliers l'accompliſſement de

ã iij

VOYAGE D'ITALIE, ET DE GRECE;

AVEC

UNE DISSERTATION

SUR

LA BIZARRERIE

DES OPINIONS

DES HOMMES.

A PARIS, AU PALAIS;
Chez JEAN GUIGNARD, à l'entrée
de la grand'Salle, à l'Image
S. Jean.

M. DC. XCVIII.

Avec Privilege du Roy.

A

SON ALTESSE
SERENISSIME
MONSEIGNEUR
LE PRINCE
DE CONTY.

MONSEIGNEVR,

Si je n'écrivois que pour le
seal plaisir d'ècrire , & qu'on
n'offrît à Vôtre Altesse Sereniffi-

leurs justes desirs avec autant
d'empressement que je suis avec
un profond respect,

De Vôtre Altesse Serenissime,

MONSEIGNEUR,

Le tres-humble & tres-
obéïssant serviteur,
MIRABAL.

PREFACE.

Uand je quittai la France par de funestes raisons qu'il seroit inutile de déduire, je pensai bien plus à me faire une vie conforme à mon malheur, & fort éloignée de toute sorte d'application, qu'à m'attacher aux remarques de ce qui s'offriroit à ma vûë dans les Païs Etrangers ; Mais comme je fus puissamment sollicité par un de mes Amis de lui préparer une Relation de mes Voïages, je reglai mes soins sur ses sollicitations, pour en prendre des Memoires particuliers ; Et lorsque je fus de retour en France, je travaillois à rassembler toutes ces piéces separées, pour en composer un simple Manuscrit, dont je voulois rendre mon Ami le seul dépositaire ; Mais je me vis surpris dans ce travail par quelques personnes de consideration, à qui mes Fragmens donnerent plus de curiofité, que de fujet d'en être fatisfaits : car fans les examiner en détail, ils m'impoferent la neceffité d'abandonner au Public, par une dure contrainte, ce que je refervois au particulier, par le jufte devoir d'une ancienne amitié : J'eus pourtant beaucoup de peine à me déterminer ; j'étois combattu par la crainte & par la complaifance : Si j'expofois cette mauvaife production, je rifquois de me donner un ridicule dans le monde ; Si je la refufois, j'offenfois un nombre d'honnêtes-gens, à qui je dois beaucoup par inclination ; Cependant il falut prendre un parti, & je trouvai celui de plaire à mes Amis le plus neceffaire, quoique le plus dangereux : Je voulois me referver la liberté de cacher mon nom, mais ils s'y oppoferent, &

fe rendirent les garants de mon entreprife : J'avois befoin de toutes ces précautions pour hazarder mon Ouvrage, car depuis mon enfance je n'ai jamais fait d'autre métier que celui de la Guerre, par conféquent méchant Ecrivain; Je fuis né fur les bords de la Garonne, mauvais préjugé pour la Langue Françoife; & fi par quelque pratique du monde j'avois un peu corrigé mon Jargon naturel, j'ai fait dans mon féjour des Païs Etrangers un affemblage confus de plufieurs langages differens, qui m'a conduit enfin à n'en favoir aucun; On ne doit donc point être furpris, fi l'on trouve dans ce Recüeil des conftructions, des periodes, des dictions, & des arrangemens de mots auffi barbares, que contraires aux vrais principes de la Grammaire ; Je ne forme point auffi dans mon efprit un projet affez chimerique pour prétendre d'enlever le fuffrage de tous mes Lecteurs , je me foumets par avance à la feverité de leur cenfure & fi quelque Critique particulier ne veut pas faire grace à toutes ces raifons, je lui promets pour l'appaifer, que c'eft ici la premiere & la derniere fois que je ferai gemir la Preffe.

Au refte , la perfonne qui m'impofa la neceffité d'écrire mes voïages, n'agiffoit pas feulement par un principe de curiofité ; c'eft un ami tendre & fincere, qui s'intereffe en tout ce qui me touche, & qui voulut abfolument que je joigniffe à ma Relation le recit de mes Avantures ; je crus ne devoir pas refufer cette complaifance à l'étroite amitié qui nous lie ; fans cette raifon j'épargnerois au

Lecteur l'ennui d'une languiſſ-
ante Narration , je n'aime pas
naturellement à faire mon hiſtoire, les époques qui la mar-
quent , en ſont trop malheu-
reuſes , & je ſai depuis long-
tems , que ſi l'on ſatisfait quelquefois la curioſité du Public
par le recit d'une vie ordinaire ,
on attire rarement ſa compaſſion
par les incidens qui la traverſent.

Si l'on trouve des fautes d'i-
gnorance dans cette Relation ,
je prie le Lecteur de pardonner
quelque choſe au peu de connoiſſance que j'ai de l'Hiſtoire &
de la Fable ; j'écris en Soldat,
& non point en Auteur, & s'il
y a des erreurs dans le détail des
Antiquitez , on me doit auſſi
quelque indulgence ; j'ai ſuiv
les ſentimens de pluſieurs Hiſ-
toriens , & je m'en ſuis beaucoup remis à la bonne-foi de
gens du Païs.

LE parfait *Homme de Guerre*, ou
l'idée d'un Heros accompli. *Avec
la maniere* dont on doit élever les jeunes Seigneurs que l'on destine à la
profession des Armes; *& une Instruction* d'un pere à son fils, qui entre
dans le service. *Dedié* à M. le Marquis de Chamilly, Lieutenant General des Camps & Armées du Roy, &
Gouverneur de Strasbourg, *in douze*,
1697.   36. s.

Le Prince de *Longueville* & Anne
de Bretagne ; *Nouvelles* historiques,
in douze, 1697.   30. s.

Reflexions sur le *Ridicule*, & sur
les moïens de l'éviter, où *les Mœurs*
& les differens Caracteres de ce siécle
sont representez, par M. l'Abbé de
Bellegarde. *Augmentées* considerablement en cette troisiéme Edition,
in douze, 1698.   2. liv. s.

Anne de *Montmorency*, Connétable de France, Nouvelle historique,
in douze, 1698.   36. s.

VOYAGE

VOYAGE
D'ITALIE,
ET
DE GRECE.

AYANT formé le dessein de voïager, je sortis de ce Roïaume par la porte de Pignerol l'an 1691. Delà j'entrai dans les Etats du Duc de Savoye ; quoique je connusse assez bien le

Païs., je fus contraint de changer souvent de route , & de
marcher la nuit pour me garentir. des Partis ennemis & pour
éviter le brigandage de Troupes Allemandes , qui canton-
noient alors dans Montcallier
sur les bords du Pô : Etant arrivé aux portes de Turin deux
heures avant le jour , j'y trouvai un Bivoüac commandé par
un Officier Suisse , qui gardoit
les dehors de la porte : Il me
reçut avec autant d'empressement , que s'il avoit fait quelque prise considerable. qui pût
diminuer les forces du Roi : Je
voulois me reposer dans son
Corps de garde , en attendant
le jour , lors qu'une Sentinelle
de sa Nation , qu'on avoit posée sur le Rempart, me cria à
haute voix : *Qui va là ?* Je lui

dis, que j'étois un *Officier Fran-*
çois, qui quittois mon païs, &
qu'il n'avoit rien à craindre;
mais ce Suisse m'ordonna d'une
maniére fort brusque de m'é-
loigner de son poste, & quoique le Commandant du Bi-
voüac le priât de me laisser avec
lui jusques à l'ouverture des Portes, & qu'il étoit caution de ma
personne, toutes ses raisons &
les miennes furent inutiles, &
sans nous écouter davantage, il
me tira un coup de mouf-
quet, dont (graces à Dieu)
je ne fus point atteint ; la balle
donna seulement dans le cha-
peau de mon Valet-de-cham-
bre, sans le blesser : Cet avis
indiscret m'obligea de me retirer, & de passer le reste de la
nuit dans cet agreable Cours du
Valentin, qui regne sur les fof-
fez de la Ville.   A ij

Lors qu'il fit jour, je me presentai, pour entrer, à la porte du Pô, mais on ne manqua point de m'en fermer la barriere: Comme j'avois projetté de ne me pas dire François, pour éviter l'embarras d'être conduit chez le Gouverneur de la Place, je me plaignis hardiment à l'Officier qui commandoit la Garde de la Porte, & je lui dis en Italien, que je servois dans les Troupes Milanoises, & que j'étois fort surpris de me voir arrêter: Il me pria de l'excuser, & me jura qu'il m'avoit crû François avant que je parlasse.

Aprés que j'eus passé la journée à me reposer des fatigues de la nuit precedente, j'allai le même soir à la Cour, sans me découvrir à personne, & comme j'y connoissois bien des gens, j'en rencontrai plusieurs qui furent assez surpris de me voir en liberté dans un Païs ennemi ! Je sortois du Cercle de Madame la Duchesse de Savoye, lorsque je trouvai dans l'antichambre une Demoiselle-d'honneur de Madame Roïale, que j'avois autrefois vûë à Chamberry ; lieu de sa naissance ; Je m'amusai quelque tems avec elle, & comme je savois que la coquetterie étoit le fonds de son humeur, je lui demandai le nombre de ses Amans ? Elle me répondit naturellement, qu'elle auroit de la peine à les conter ; qu'elle en avoit plusieurs & de toutes especes ; que les uns satisfaisoient à ses plaisirs, & que les autres remplissoient sa vanité ; que parmi ces derniers le Comte de *Fuensalida* , Gouverneur Ge-

neral du Milanez lui avoit donné tous ses soins pendant son
dernier sejour à Turin , mais
inutilement , parce qu'aïant été
souvent ai mée , & qu'aïant aimé
de même , sa tendresse s'étoit
épuisée dans ses premieres a-
mours , & qu'elle n'étoit plus
capable d'une passion veritable.
Nous raisonnions ainsi tranquillement sur les differens pouvoirs
de l'Amour , lorsque le Major de
la Ville m'aborda d'un air fier &
méprisant , & me dit que Son Altesse Roïale lui avoit donné ordre
de me garder à vûe. J'allai le lendemain faire la reverence au
Duc de Savoye , & je m'excusai
de ne m'être point découvert
particulierement ; Il m'offrit d'a-
bord de l'emploi dans ses Troupes , & sur le refus que j'en fis, il
me sollicita beaucoup de passer

en Allemagne , mais je lui répondis avec un respectueux dé-
dain , que j'étois né Sujet du
Roi de France ; que j'avois trop
d'honneur pour servir contre
mon Maître , & que comme je
cherchois seulement la Guerre
chez quelque Prince neutre , je
le suppliois de me donner des
Passeports pour aller à Venise : Il
me les accorda quand il vit mon
obstination , & m'offrit même
une escorte pour me conduire
hors de ses Etats. Avant que de
sortir de la Cour de ce Prince,
je crois devoir lui rendre justice,
& pouvoir dire sans exageration,
que si elle cede beaucoup en
grandeur à celle de France, de
même qu'à plusieurs autres , elle ne cede en politesse à pas une
de l'Europe.

Lorsque la premiere Guerre

des Vaudois fut finie en l'an 1686. nôtre Regiment fut détaché de l'Armée que le Roi avoit envoïée au Duc de Savoye pour Troupes auxiliaires fous les ordres du Général Catinat, & le fort nous conduifit dans Cafal. Pendant deux ans & demi que j'y fervis le Roi, j'y pris des engagemens de mariage affez étroits avec une Comteffe originaire de Turin, & veuve d'un Gentilhomme du Montferrat : Nous fûmes fiancez pendant un an, fans que je puffe jamais la conduire à la conclufion de nôtre mariage ; nous en avions cependant demandé l'un & l'autre le confentement à fes parens, & nous l'avions obtenu : La Dame, qui penfoit bien plus à contenter fes fens, qu'à remplir les devoirs de l'amour conjugal,

n'eut pas long-tems des intentions legitimes ; elle éludoit toûjours sous des prétextes assez
fins pour que je n'en pusse point
pénétrer la veritable cause : Il
n'y avoit pas long-tems qu'elle
étoit allé dans une de ses Maisons de campagne , lorsque
nous reçûmes des ordres pour
revenir en France ; je lui en
donnai incessamment avis , & je
lui mandai que comme je rele-
vois d'une longue maladie , je
prétextois plus facilement sur
mon incommodité pour rester
en Italie , & que je l'attendois
pour terminer toutes choses; elle
me fit cette tendre réponse.

*Je suis fâchée par rapport à
vôtre éloignement prochain , que
vous aïez reçû des ordres pour
retourner en France ; j'aurois*

bien voulu vous voir encore
une fois ; mais mes affaires ne
me permettent pas d'aller si-tôt
à Casal ; j'espere que vous trou-
verez dans vôtre Patrie un meilleur établissement que celui que
vous cherchiez auprés de moi.
Ie fais tous les jours des vœux
pour vôtre fortune, & je vous la
souhaite tres-heureuse par tout où
le sort pourra vous conduire.

LA COMTESSE DE M.

Il est facile de comprendre
qu'aprés toutes ses tendresses je
ne demeurai pas long-tems en
Italie ; Cependant la Comtesse,
pour mettre à couvert sa mauvaise foi, dit à ses parens, que
j'avois rompu les liens de nôtre
engagement, & que j'étois parti sans la voir. Ils le crurent,

& j'ai sçû depuis, qu'ils en furent
vivement offensez.

Le jour que je partis de Turin, ce dernier voïage, j'enten-
dois la Messe dans l'Eglise de
Sainte Marie de la Place, lorsque je vis mon infidelle Comtesse : Cet aspect me frappa, &
je sortis avec précipitation pour
l'éviter : elle me détacha un Laquais qui la servoit depuis long-
tems, & qui me connoissoit : Il
me dit que sa Maitresse souhaitoit de me parler, & qu'elle
m'attendoit à la porte de l'Eglise, mais je ne daignai pas seulement de l'entendre ; il s'infor-
ma de mon logis, & s'en alla
dire aux parens de la Comtesse,
que j'étois dans Turin; Un de ses
Freres vint pour me trouver, apparament à mauvais dessein :
mais j'étois déja parti pour Mi-

lan avec trente Dragons d'escorte, que Son Altesse Roïale m'avoit fait donner. Je fus assez surpris, lorsqu'à deux lieuës de Turin, l'Officier qui les commandoit, reçut ordre du Marquis de Saint-Thomas, premier Ministre du Duc de Savoye, de me ramener chez lui en toute sureté. Cet ordre & ce retour me firent quelque peine, mais je ne m'allarmai point par rapport à mon innocence. Je trouvai chez le Marquis de Saint-Thomas un Frere de la Comtesse, qui l'avoit assuré que j'étois un Espion de la France : Il s'étoit servi de ce prétexte pour me faire arrêter dans l'intention de se vanger ensuite de l'offense qu'il prétendoit que j'avois faite à toute sa Maison, au sujet de sa sœur. Dés qu'il me vit, il perdit tout le flegme italien, & me fit toutes sortes de reproches : Je n'aurois pas pris soin de me justifier, si j'avois eu toute ma liberté, mais dans la situation où j'étois, il faloit me soumettre : Je dis au Marquis de Saint-Thomas, que j'avois encore la Lettre de congé, que la Comtesse m'avoit écrite, & je la lui montrai : Son Frere la lut & connut tout l'artifice de sa sœur : Il fut la trouver pour s'en éclaircir encore mieux ; elle ne put desavoüer son caractere, & confessa la verité de toutes choses. Son Frere tâcha de s'excuser, & avoüa au Marquis de Saint-Thomas, qu'un interêt particulier de vangeance l'avoit obligé de me dénoncer comme Espion; Tous ces aveus me redonnerent la liberté, & je continuai mon voïage.

Aprés que j'eus traversé tout le Piedmont , j'entrai dans le Milanez par la Ville de Novarre , & je fus voir le Comte Borromée , qui commandoit dans cette Place : Je me souviens encore , qu'il satisfit assez plaisamment ma curiosité, lorsque je lui demandai s'il étoit descendu de la Maison de S. Charles, de son nom : Il me dit que pour son salut il lui seroit peut-être avantageux de lui appartenir dans l'autre monde , mais que pour sa fortune , il étoit tres-fâché d'être son parent dans celui-ci ; puisque saint Charles avoit consumé cent mille écus de rente en charitez, dont lui seul par la succession de ses Prédecesseurs devoit être l'heritier présomptif.

De Novarre j'allai à Milan , où la Garde des Portes me con-

duifit chez le Comte de *Fuen-
falida*, qui me demanda d'a-
bord d'un ton aigre, *fi j'étois
François*; & fur ce que lui répondis que je ferois bien fâ-
ché de ne l'être pas; il me dit
qu'il ne s'attendoit pas à moins,
& qu'il étoit fi fatigué de voir
tous les jours des Officiers de ma
Nation venir faire les Efpions
dans les Païs Efpagnols, fous
prétexte de voïager en Italie,
qu'il vouloit qu'on m'arrêtât
prifonnier. Je ne pus m'empêcher de lui dire, que c'étoit
enfreindre les Loix humaines;
que j'efperois que le Roi mon
Maitre vangeroit les mauvais
traitemens que l'on faifoit à fes
Sujets dans les Païs étrangers,
furtout quand ils étoient exemts
de foupçon, comme je le de-
vois être par les Paffeports de

Son Alteſſe Roïale. Il me répondit que ce Prince étoit le
Maitre dans ſes Etats, & que
les Gouverneurs du Milanez
l'étoient dans leur Gouvernement; & ſans autre replique il
m'envoïa dans les Priſons du
Château. Cet ordre me parut
rude, mais il falut me ſoumet-
tre à la force : Je ſortois du Palais de cet indocile Gouverneur,
lorſque je rencontrai le Duc
d'Elceſte, Fils du Marquis de los
Balbazes, & Général de la Cavalerie, à qui je fis mes plaintes, & comme je me ſouvins de
ma Coquette de Chamberry,
je lui dis que j'écrirois à la Cour
de Savoye, & qu'une Demoi-
ſelle - d'honneur de Madame
Roïale, à qui j'appartenois, me
procureroit bien-tôt ma liberté.
Il me demanda ſon nom, &
lorſque

lorsque je lui eus répondu, qu'
elle s'appelloit *Mademoiselle de
Beaumont*, il alla parler sur l'heure au Marquis de Fuensalida,
qui m'envoïa chercher un moment aprés. Je trouvai le vieux
bon-homme tout radouci, & les
conséquences de la parenté sup-
posée me devenoient trop favorables pour ne pas soûtenir ce
que j'avois avancé : Il voulut
savoir le nom de mon païs ; je
lui dis que la Ville de Grenoble
à sept lieuës de Chamberry étoit
le lieu de ma naissance , & que
le pere de Mademoiselle de Beaumont & le mien étoient freres.
Il me redonna la liberté , & me
permit de demeurer quelques
jours à Milan. Cette Ville est
belle & tres-grande ; je vis
son Dôme, qui n'approche pas
de la magnificence de celui de

Saint Pierre de Rome ; mais c'est une des plus grandes Eglises du monde : Il y a sur la droite du grand Autel une statuë en marbre de S. Barthelemi écorché, qui me parut une merveille de l'Art ; elle a sept pieds de hauteur, avec une grosseur proportionnée. Les Milanois, faute d'en connoitre le prix, l'avoient toûjours negligée, mais enfin ils l'éleverent sur un pied-d'estal, lorsque les Venitiens la leur demanderent en échange, & qu'ils leur offrirent de leur en faire faire une autre d'argent massif, & qu'ils leur donneroient encore cent mille écus.

De Milan, j'entrai dans les Etats de Venise, & je passai par Bergame, Bresse, Veronne, Vicence & Padoüe, qui sont cinq grandes & belles Villes, dépendantes de cette République.

Je vis à Veronne, des Arenes bâties par Jules - Cefar , bien plus vaftes que celles de Nifmes en Languedoc , & que celles de Rome ; l'enceinte de celles de Rome étoient à la verité de trois cens Arcades , l'une fur l'autre , & celles de Veronne de deux feulement , mais au lieu qu'il n'y avoit qu'une enceinte à l'autre , il y en avoit deux à celles-ci : quarante-quatre marches font encore la hauteur du dedans , & dans celles de Nifmes il n'y en a que vingt-huit. Je compris par cette difference que fi celles-ci contenoient cent cinquante mille perfonnes , on en pouvoit placer plus de deux cens mille dans celles de Veronne.

J'arrivai juftement à Padoüe

le jour qu'on expofoit le Corps
de *Saint Antoine*, natif de Lifbon-
ne en Portugal , qui fait tous
les jours tant de Miracles ; &
j'éprouvai moi - même qu'une
douleur de tête dont j'étois accablé depuis vingt-quatre heures, fut entierement diffipée,
lorfque j'eus un moment refpi-
ré la douce odeur qu'exhale ce
faint Corps.

De Padoüe j'allai à Venife :
cette Ville n'a rien d'extraordinaire dans fa grandeur , quoiqu'elle foit peuplée de trois cens
mille ames ; mais par fa fitua-
tion & dans fon efpece c'eft la
plus belle Ville de l'Europe :
Tout le monde fait la nature de
fon Gouvernement ; il eft fage-
ment conduit, quoiqu'il ait bien
de fauffes maximes , particulierement pour la Guerre, que cet-

te République n'a jamais ſçû
faire ; mais comme elle a toûjours eu des ſuccés aſſez heureux , ſurtout depuis la Ligue
de Cambray, où toute l'Europe
conſpira en vain la perte de cet
Etat , cela ſuffit pour ne rien
changer.

Les Egliſes de Veniſe ne ſont
point grandes , mais elles ont
beaucoup de propreté & des or-
nemens tres-riches ; celle des
Capucins par ſa ſculpture & par
ſon architecture eſt la plus belle Egliſe que cet Ordre aie dans
le Monde.

On voit dans cette Ville quantité de choſes auſſi riches que
curieuſes, par exemple, le Palais
du Doge, la petite Salle d'Armes , & le Tréſor de Saint Marc
ſont des ouvrages magnifiques :
L'Arcenal de Veniſe me paroit

le plus beau du Monde ; son
enceinte est aussi grand que celle d'une Ville ordinaire , & quatre mille Ouvriers qui y travail-
lent sans cesse pour l'Artillerie,
ou pour la construction des Bâ-
timens, ont toûjours été si adroits
& si diligens dans leur profession,
que lorsque Henri III. eut abandonné la Couronne de Pologne
pour venir prendre celle de
France , & qu'il passa par Venise , le Senat le traita dans cet
Arsenal , & lui donna le plaisir
de voir faire, pendant le tems de
son diner seulement , une Gale-
re entiere depuis la premiere
piéce jusqu'à la derniere. Ce Roi
la monta le même jour , & s'en
servit jusques aux écluses de la
riviere de la Brinte pour aller à
Padoüe.

Je vis à Venise cette Ceremo-

nie que l'on y fait tous les ans
une fois, lorſque le Doge épouſe la Mer. Les Ambaſſadeurs de
toutes les Couronnes, les Senateurs & les Procurateurs de
Saint Marc vont prendre le Doge en ſon Palais, & le condui-
ſent dans le Bucentaure : C'eſt
une eſpece de grande Bar-
que qui peut contenir plus de
cent hommes ; elle eſt entierement dorée par le dehors juſques aux avirons ; le dedans eſt
doré de même, & garni de ſié-
ges & de tapis de velours cra-
moiſi, avec quantité de franges
d'or ; Toute la Seigneurie part
de la Place Saint Marc dans ce
Bâtiment, & va juſques à l'Iſle
du Lido à deux milles de Veniſe, où le Doge, ſelon l'ancien
uſage, jette un Anneau dans la
Mer, & l'épouſe au nom du

Senat ; quatre ou cinq mille Gondolles ou autres Barques chargées de trente ou quarante mille perſonnes forment un cortege , & le reconduiſent dans ſon Palais. Je ſai qu'il ne faut pas condamner les anciennes coutumes ; cependant quand je conſiderois l'inutilité de celleci , je ne pouvois m'empêcher de penſer à ce Vers de Boileau, qui dit :

Surtout l'Anneau Royal me ſemble bien trouvé.

J'ai vû dans Veniſe pluſieurs Combats de Taureaux contre des Chiens ; Spectacle moins commun dans tout le monde, que le Combat de coups de poing, qu'on y fait tous les ans. On diviſe cette Ville en deux quartiers

quartiers : celui des *Castelani*, &
celui des *Nicoloti* : Les Gondo-
liers & les Crocheteurs de ces
quartiers opposez s'assemblent
un jour marqué, & combattent
un à un sur un pont sans garde-
fou ; ils se battent sans armes,
mais avec une fureur égale à celle des Horaces & des Curiaces,
comme s'ils disputoient un Empire : Aprés s'être bien déchirez,
écorchez & meurtris, ils se prennent au corps, & se jettent souvent dans la Mer : Il ont des
Heros qui les appellent au combat, & des Juges qui decident
de leur victoire : On peut aisément comprendre que le spectacle n'est pas fort recréatif pour
les gens de bon sens ; mais le
Peuple s'en fait un doux amusement, & la République y consent
& même l'ordonne : Elle entre-

tient par cette politique une espece de division parmi la Po-
pulace, qui l'occupe, & l'em-
pêche de s'unir ensemble dans
l'oisiveté, si par un esprit de se-
dition elle vouloit changer le
Gouvernement de l'Etat.

Dans le premier séjour que je
fis à Venise, je pris quelque soin
pour les interêts de ma fortune,
mais les évenemens en furent si
malheureux, que je tombai dans
une molle nonchalance pour
toutes sortes de devoirs, & j'attendois plus que je ne cherchois, à sortir de ma condition, lors qu'enfin j'ouvris les
yeux sur les plaisirs que je me
dérobois par ma retraite dans
un lieu où toute la Terre ac-
court pour y trouver la volupté.

J'étois logé prés de l'Eglise
de Saint Marc, & comme j'y

allois assez souvent entendre la
Messe , je m'apperçus que j'y
trouvois toûjours à la même heure une grande femme, assez bien
faite: J'affectai de la regarder, &
mes yeux rencontroient quelquefois les siens; mon cœur enfin
en fut émû, & lorsque je la sui-
vois un jour , je demandai son
nom à sa femme-de-chambre,
qui me l'apprit sans répugnance,
& qui apparament fit part de
ma curiosité à sa Maitresse; car
le lendemain , ses regards m'as-
surerent qu'elle étoit informée
de mes intentions. Ce premier
succés m'enhardit assez pour lui
écrire un Billet le jour suivant :
je le remis entre les mains de la
femme-de-chambre; elle le rendit fidellement, & j'en reçus la
réponse : Ce commerce duroit
depuis quelques jours , lorsqu'on

me donna une Lettre qui contê-
noit ces paroles:

*Conforme l'usanza del paese mi
sarebbe impossibile di vidervi in
casa mia, ma comme io supone
che conoscerete il mio Marito,
vi do aviso di venire dimani a
due hore di notte al Ridotto grande, il mio Consorte taglierà a la
Basseta nella prima Camera à ma-
no dritta, ed io sarò apresso di
lui senza moretta; mascaratevi in
veste ed aciochè io vi possa co-
noscere mettete della fetucia roz-
za alli manighetti, chiamate due
ponti d'un cechino l'uno di posta,
ed andate dopo nella camera spor-
ca nascotto sotto il letto, io ver-
rò subito con pretesto di qualche
bisogno, il mio Marito m'acon-
pagnerà sin a la porta, & io en-
trarò sola.*

Voici l'explication françoise
de cette Lettre:

Selon la coutume de ce Païs il
me seroit impossible de vous voir
chez moi ; mais comme je suppose
que vous connoissez mon Mari , je
vous avertis de vous rendre demain dans le grand Reduit à sept
heures du soir ; il taillera à la
Bassette dans la premiere chambre à main droite , & je serai auprés de lui à visage découvert ;
Masquez-vous avec la robe d'un
Noble , & afin que je puisse vous
distinguer , attachez les manches
de vôtre chemise avec du ruban
rouge ; joüez deux sequins sur
deux cartes differentes , ensuite
allez-vous-en dans la chambre
sale ; cachez-vous sous le lit , &
je viendrai vous trouver sous pré-

texte de quelque neceſſité ; mon mari n'accompagnera ; mais je le laiſſerai pour garder la porte, & j'entrerai ſeule.

Il eſt neceſſaire d'expliquer que dans tous les Reduits où l'on joüe à Veniſe, il n'eſt permis qu'aux Nobles Venitiens & à leurs femmes d'entrer à viſage découvert, tous autres ſont obligez de ſe maſquer ; & comme il y a toûjours pendant le Carnaval trois ou quatre mille perſonnes dans ce grand Reduit, on ſe ſert pour ſes neceſſitez d'une chambre ſeulement éclairée par une lampe ; il y a pluſieurs chaiſes percées avec un méchant lit qui reſte encore couvert d'une ſeule paillaſſe : Il n'y avoit pas long-tems que j'étois caché deſſous, lorſque j'entendis la Dame qui dit à son Mari de rester à la porte, pendant qu'elle seroit dans la chambre : Lorsque je vis la chambre fermée, je sortis de dessous le lit, & je profitai du moment : on me dispensera de nommer la Dame, je dirai seulement qu'elle étoit femme d'un Senateur Venitien, fort vieux & fort jaloux ; la Dame étoit belle & jeune; tous ces endroits m'étoient favorables, & pour terminer l'avanture, j'en eus la principale obligation au tems du Carnaval.

Ce Senateur Venitien n'est pas le seul mari jaloux de sa Nation, on sait qu'ils le sont tous naturellement ; mais comme bien des gens ne le savent que par tradition, je veux en donner un exemple, dont je fus le témoin dans mon dernier voïage d'Italie.

Il y avoit un Gentilhomme dans la Ville de Créme, dépendante des Etats Venitiens, qui avoit une femme aussi sage que belle ; cependant il manquoit de foi pour sa vertu ; il la suivoit toûjours lorsqu'elle alloit à l'Eglise, & ne la quittoit jamais de vûe : Quand elle étoit à la promenade, tous les visages nouveaux lui devenoient suspects : Un jour, malheureusement pour elle, son Mari vit au Cours le Prince *Ottoboni*, Neveu du Pape Alexandre VIII. qui par droit de voisinage étoit venu dans la Ville de Créme ; Elle le vit aussi pour la premiere fois, & ne lui parla point : mais comme nos sens sont quelquefois remplis la nuit de ce que nos yeux ont vû pendant le jour, cette Dame dormant tranquillement prononça le nom d'*Ot-toboni*. Son Mari qui couchoit cette nuit avec elle & qui étoit éveillé alors, en fut si frappé de jalousie, que dés qu'il fut jour, il envoïa chercher un Confesseur, & fit confesser sa femme; Aprés qu'elle eût reçû l'absolution, il lui donna le choix d'un poignard ou d'un verre de poison; elle prit ce dernier, le but sans resistance, & mourut un moment aprés.

J'aurois profité plus long-tems du commerce de la Senatrice Venitienne, si j'avois eu moins d'obstacles à combattre; je la vis quelquefois aprés l'avanture du Reduit, dans la maison de sa Nourrice, mais toûjours avec tant de peril, que la raison étouffa ma tendresse : Je ne suis pas de ces Héros de Roman, qui

n'estiment les bonnes fortunes
que par les dangers de les ac-
querir, ou par les difficultez de
les conserver : J'aime , mais je
n'aime pas les plaisirs qui cou-
tent tant de peines. Je faisois
toutes ces reflexions dans mon
intrigue, lorsque je m'avisai plûtôt par habitude, que par a-
mour, de compter mes raisons
à la femme d'un Lieutenant
Colonel des Venitiens : son Mari , François de Nation , avoit
eu des affaires dans son païs qui
l'avoient obligé de sortir du
Roïaume : il fut quelque tems
refugié dans la Ville de Genê-
ve , & pendant le sejour qu'il y
fit, il devint amoureux, & fut
aimé de la Fille d'un Magistrat
de cette petite République : ils
avoient tous deux des intentions legitimes , mais comme il

étoit Catholique, & qu'elle étoit
Proteſtante, les parens de Marianne (c'étoit le nom de cette
fille) ne voulurent point écouter
des propoſitions de mariage.
L'Officier François outré de ce
refus, & pouſſé par ſa paſſion,
enleva Marianne de ſon conſen-
tement, & la mena à Veniſe,
où il l'épouſa dans toutes les for-
mes aprés qu'elle eût abjuré ſon
hereſie : il prit enſuite de l'emploi dans le ſervice des Venitiens, & fut Lieutenant Colonel : Il partit pour le Levant, &
laiſſa Marianne à Veniſe. J'étois
logé dans la même maiſon, où
elle avoit un appartement ſepa-
ré, & j'eus par ce moïen de frequentes occaſions de la voir; Ce
n'étoit point une beauté regu-
liere, quoiqu'elle n'eût rien de
deſagreable; mais ſon eſprit étoit

vif & pénétrant, & son naturel
aussi docile que celui des autres
femmes, étoit quelquefois iné-
gal & capricieux : je lui donnai
des soins qui furent inutiles dans
le commencement , mais l'habitude d'être tous les jours ensemble , plûtôt qu'un mauvais
principe , la rendit sensible à
mes empressemens : elle devint
grosse peu de temps aprés nôtre
commerce ; mais par la facilité
de la retraite elle cacha sa grosse jusqu'au huitiéme mois ; il
falut alors prendre des moïens
pour une secrette couche , &
nous choisîmes les Montagnes
du Tirol pour cette expedition.

Je partis de Venise , sous prétexte d'aller à la Cour de Mode-
ne, & elle feignit l'accomplisse-
ment d'un vœu qu'elle disoit
avoir fait à saint Antoine de Pa-

doüe : Nous nous rejoignîmes à
Trevise à quinze milles de Venise, & nous continuâmes ensemble nôtre voïage jusques au pied
du Tirol, où nous demeurâmes
dans des Villages pendant les
derniers temps de sa grossesse ;
Enfin elle accoucha d'une fille,
qu'elle mit en nourrice dans les
deserts affreux de ces Alpes,
& nous nous en retournâmes à
Venise par des routes differentes, pour cacher nôtre marche.

Quelque tems aprés que
j'y fus arrivé, je liai une étroite
union avec un Gentilhomme de
Raguse, qui me procura plusieurs connoissances, & me mit
le troisiéme dans un commerce
d'amitié, ou plûtôt d'amusement, qu'il avoit déja formé
avec un Noble Venitien : Celui-
ci nous prioit quelquefois à

manger chez lui, & malgré la
coutume de son Païs, sa femme
étoit souvent de la partie : Elle
avoit une femme-de-chambre
tres-jolie, dont le Noble étoit
touché ; il en fit confidence au
Ragusien, qui lui avoüa naturellement, que si elle n'étoit pas
dans sa maison, il auroit les mêmes sentimens : Le Gentilhomme Venitien lui promit de par-
tager avec lui sa conquête le même jour qu'il la feroit : Il n'ou-
blia rien pour seduire cette fille,
mais comme elle avoit de la
vertu, elle resista toûjours fortement, & se plaignit enfin à sa
Maitresse des persecutions de
son Maitre : La Dame l'obligea
de lui donner un rendez-vous
pour le lendemain au soir dans
son lit, & lui promit d'aller
prendre sa place. La femme-

de-chambre obéit, & le Noble en avertit le Ragusien, & l'introduisit secretement chez lui le jour de la scene : Ils se coucherent tous deux, en attendant l'heure du rendez-vous, & lorsqu'elle sonna, le Noble s'en alla dans le lit de la femme-de-chambre. Il faut remarquer que les Venitiens couchent rarement avec leurs femmes, & à la faveur de cette loüable coutume la Dame reçut tous les empressemens de son mari. Lorsqu'il eut satisfait sa passion, il prétexta quelque necessité pour s'en aller; mais il promit de revenir aussi-tôt: Il fut avertir le Gentilhomme Ragusien, qui prit sa place, & qui passa le reste de la nuit avec la Dame ; tous les deux dans l'erreur, celle-ci croïoit être avec son mari, & l'autre avec sa femme-de-chambre ; le jour qui s'approchoit , les separa sans se connoître : Le lendemain, le Noble Venitien pria le Ragusien à dîner: Je fus de la partie, de même que la Maitresse du logis. Pendant le repas , elle fit tomber adroitement la conversation sur l'infidelité des Maris ; celui-ci soûtenoit fortement qu'il n'avoit jamais été dans le cas; sa femme qui ne pouvoit plus cacher la tromperie qu'elle lui avoit faite , nous raconta naïvement comme elle avoit pris la place de sa femme-de-chambre, & pour mieux convaincre son Epoux , elle nous cita pour circonstance , qu'aprés qu'il eût profité de son erreur pendant quelques heures , il étoit sorti de la chambre, mais qu'il étoit revenu dans le moment. A cet en-

droit

droit, le Noble répondit brus-
quement, *Bafta, bafta, non vo-
glio faper altro* ; ce qui veut dire,
*Cela fuffit, je n'en veux pas fa-
voir davantage.*

Le Ragufien, qui m'avoit déja fait confidence de fon avanture avec la femme-de-chambre
prétenduë, me regarda fort em-
barraffé ; le Noble furprit nos
regards, & ne douta point que
je ne fuffe inftruit du miftere:
Il fortit de table, trés-fâché
d'avoir tramé lui-même fa propre confufion, il rompit commerce avec nous, & ne nous parla
plus ; mais nous nous en con-
folâmes fans peine, car il n'a-
voit pas de fens commun, &
nous étions fouvent avec lui
fans avoir d'autre plaifir, que
celui d'être feparez des autres.
Lorfque j'eus pris de l'emploi
D

dans le service des Venitiens, je
m'embarquai avec nos Troupes sur la Mer Adriatique pour
aller au Levant, & dés que nous
fûmes hors de ces Lagunes,
nous découvrîmes l'Istrie sur nôtre gauche, & nous la côtoïâmes jusqu'en Dalmatie.

Aux confins de la Dalmatie
vers l'Orient nous vîmes l'Etat
de la République de Raguse
du même côté, & nous moüil-
lâmes l'ancre dans le Port de sa
Ville Capitale du même nom.
Cette République subsiste depuis l'an 450. Sa domination est
tres-bornée, car elle ne s'étend
que cent vingt-cinq milles en
longueur, & vingt-cinq milles
en largeur : On me permettra de
compter par milles, dont les
deux font une lieuë de France. Il
faut pour accuser juste la distan-

ce des lieux , que je me conforme à la maniere dont on les me-
sure dans les païs que j'ai décrits.

La Republique de Raguse n'est
pas moins remarquable par la pu-
reté de la Noblesse qui la gouver-
ne, que par son ancienneté : Depuis sa fondation il n'y avoit jamais eu d'Etranger ni de Bourgeois aggregé dans ce corps ,
comme on en voit tous les jours
dans celui des Nobles Venitiens,
& jamais aucun de ses Gentilshommes ne s'étoit mes-allié jusqu'en l'année 1668. que la Ville
de Raguse fut à demi ruïnée par
un tremblement de terre , & la
moitié de sa Noblesse ensevelie
sous ses ruïnes: Alors pour remplir
le corps de ce Senat, on y aggre-
gea quelque Bourgeoisie, & l'on
fit même alliance avec leurs familles ; mais cette loi fut bien-

tôt revoquée. Les Ragusiens ont pour Prince un Recteur, qui change tous les mois, & les Venitiens un Doge électif & perpetuel.

Aprés avoir passé l'Etat de cette République, nous côtoïâmes terre à terre l'Albanie, qui faisoit autrefois une des quatre parties de la Macedoine : nous n'y débarquâmes pas, parce que les Turcs la possedent : Nous apperçûmes seulement la Ville d'*Yrrachinm*, qu'on nomme presentement *Durazzo*, & je vis au pied de cette Ville la Plaine de Pharsale, où Jules-Cesar vainquit Pompée.

A cinquante milles de Pharsale je découvris la Forteresse de *Canina*, qui étoit autrefois la Ville d'Epire, Capitale du Roiaume de ce nom.

Entre *Canina* & *Durazzo* je
ne pus point voir le Fleuve *Ce-
lidrus*, qui separoit l'Epire d'a-
vec la Macedoine ; mais je vis le
Mont *Pindus*, qui les separoit
aussi.

Sur les Côtes de la Macedoine, quelques-uns de nos Matelots prirent terre pour aller
boire de l'eau de cette Fontaine,
dont fait mention Valere-Maxime dans son Chap. 10. *page* 71.
Ils en apporterent à nôtre bord,
& je trouvai que veritablement
elle avoit un peu le goût du vin,
mais je la crois pourtant incapable d'enyvrer, quoi qu'en dise le
même Valere.

Aprés avoir côtoïé l'Epire pendant plusieurs jours, nous entrâmes dans la Grece, & nous moüil-
lâmes au Port de Corfou, qu'on
appelloit autrefois *l'Isle de Cor-*

siria. Il y a déja long-tems qu'elle avoit secoüé le joug des Genois; & aprés qu'elle se fût érigée en République pendant trois semaines, elle se soûmit volontairement à celle des Venitiens, qui la possedent encore. Je n'y trouvai rien qui me parût ancien; je vis seulement à cent pas la Ville de Corfou, une maison à demi ruïnée, où *Judas* faisoit son séjour, lorsqu'il fuïoit la punition des crimes qu'il avoit commis dans son païs. On est encore si frappé d'horreur du souvenir de ce Traître, que personne ne la veut habiter.

En partant de Corfou, nous relâchâmes à l'Isle de *Cephalonie*, où je me rappellai l'idée de ces Auteurs apocryphes, qui debitent tous les jours dans le

monde des abſurditez auſſi groſ-
ſieres que fabuleuſes , & qui à la
faveur de la diſtance des lieux
voudroient nous perſuader bien
des choſes qui ne ſont pas
moins fauſſes, que contraires à la
vrai-ſemblance : Je fais de ces
fauſſetez une application particuliere à Valere-Maxime , lorſ-
qu'il dit dans ſon Chapitre 10.
page 70. que dans cette Iſle de
Cephalonie les bêtes ne boivent
point comme dans les autres
Païs, & que la plus grande partie de l'année en hauſſant la tête , elles ſuçent par les conduits
qui leur ſervent à reſpirer, l'a-
greable humidité du vent qui
les rafraîchit, & qui leur étanche
la ſoif. Tous les animaux dans
cette Iſle mangent & boivent,
& font toutes les fonctions natu-
relles comme par tout ailleurs :

Je ne crois pourtant point qu'ils aïent changé d'organes , puisqu'ils n'ont pas changé d'espece; & le climat apparament ne s'est pas alteré par la succession des tems.

De Céphalonie nous allâmes prendre terre à l'Isle de *Xante*, qu'on nommoit *Isle de Hyacinte*, ancien domaine des Venitiens : Je n'y remarquai rien de curieux qu'une Fontaine , qui mêle naturellement dans le jet de ses eaux une-quantité de poix, dont on se sert actuellement pour calfeutrer les vaisseaux.

Le lendemain que nous y fumes arrivez , le Lieutenant de ma Compagnie mourut de divers maux qu'il avoit soufferts sur Mer ; je fus assez surpris de voir entrer une heure aprés, dans mon logis, une vieille femme Grecque,

qui

qui marquoit quelque affliction
sur son visage : Elle me dit qu'elle avoit sçû la mort de mon Lieutenant, & qu'elle venoit m'offrir ses larmes; que je trouverois
plusieurs personnes de sa profession, mais pas une de son
espece, & qu'elle se vantoit
d'être la *meilleure Pleureuse de
toute l'Isle*. Pour moi, qui ne
comprenois point ce langage,
j'en demandai l'explication, &
l'on me dit, que quand les Grecs
meurent, leurs parens ne sont
point obligez de pleurer, s'ils
veulent s'en dispenser ; mais qu'il
y a des Femmes gagées pour remplir cette fonction pendant trois
jours, dans les maisons des Morts;
& veritablement je vis en suite de
ces Pleureuses païées, qui ver-
soient des torrens de larmes
sans discontinuation : Je trouvai

cette maxime assez extraordinaire; mais elle me parut pourtant
necessaire pour les Femmes
Grecques, à qui leurs Maris,
bien plus jaloux encore que les
Italiens, ne laissent pas beaucoup de regret par leur perte;
elles peuvent impunément sau-
ver les apparences d'une fausse
douleur, sans blesser les devoirs
d'une honnête bienseance.

Pendant quelques mois que
nos Troupes demeurerent dans
l'Isle de Xante, je passai de l'autre côté du Golfe au Roïaume
de Morée, qu'on appelloit autrefois *Peleponnese*, à cause de
Pelope fils de Tantale. Ce Roïaume est proprement une Penin-
sule, de figure presque ronde,
qui ne tient à la Terre ferme, que
par l'Isthme de Corinthe de six
milles de largeur. Il y a quelques

années qu'il fut conquis fur les Turcs par les Venitiens. L'Hiſtoire ancienne des Grecs & pluſieurs Auteurs modernes parlent aſſez amplement de ce Païs, ſans que j'en faſſe une deſcription particuliere ; je veux ſeulement faire part au Public de quelques antiquitez que j'y ai découvertes.

Puiſque je ſuis en Grece , je veux donner une diſtinction des Grecs d'avec les Grecs mêmes. L'Hiſtoire ancienne de ce Païs m'avoit laiſſé une idée de grandeur, qui ſe détruiſit bien-tôt à la vûë de ſon état preſent ; On voit encore dans les Grecs une eſpece de vivacité d'eſprit, qu'ils doivent à la ſubtilité de l'air qu'ils reſpirent, mais il eſt ſi mal cultivé par l'éducation , qu'ils vivent tous dans une ignorance craſſe; on ne trouve plus chez eux aucune teinture des Sciences ni des Arts , qui florissoient dans leur Païs ; & cette grandeur de courage qui les rendoit autrefois la terreur & les arbitres du sort de l'Orient , est fort diminuée, depuis que de Souverains qu'ils étoient , ils sont devenus les sujets & les esclaves de plusieurs Princes , & principalement du Turc. Ils sont à present les plus lâches Peuples de l'Europe ; J'ai reconnu plusieurs marques de leur lâcheté; j'en raconterai une particuliere, qui paroitra extraordinaire par rapport à leur ancienne valeur. Les Venitiens convoquent toutes les Campagnes une espece de Milice dans le Roïaume de Morée ; mais elle ne campe jamais en front de de Bandiere avec les autres Troupes , & proprement elle

ne fert que de nombre : Lorfque l'Armée des Turcs paffa le
Détroit de Corinthe, l'an 1694.
nous avions cinq mille Grecs,
avec nous , à qui l'on faifoit oc-
cuper des poftes particuliers , à
mille pas de nôtre Camp : Quatre cens Spahis que l'on avoit
détachez feulement pour reconnoitre la difpofition de nos
Grecs , leur donnerent, fans les
attaquer , une fi grande fraïeur,
qu'ils prirent tous la fuite, &
s'allerent cacher dans des Mon-
gnes , fans qu'il fût jamais pof-
fible de leur faire rejoindre l'Armée.

A la pointe de la Morée vers
l'Occident, je vifitai la Province
d'*Achaïe* , nom dérivé *d'Achée*
fils d'Eretée , Roi d'Athenes,
qui conquit ce Païs : J'y vis fur
les bords de la Mer les reftes

confus de la Ville de *Clarence* :
Il y paroit encore les veftiges
d'un Môle , d'un Arcenal , &
d'un édifice un peu plus entier,
où les Enfans Grecs faifoient
leurs études.

Je remarquai dans un Couvent
de Religieux à dix milles de cette Ville le Tombeau d'une Prin-
ceffe de Perfe , qui dans la fuite fut Ducheffe de Clarence.

Je fus à *Caftel-Tourneze* , qui
eft prefentement une bonne For-
tereffe, & qu'on appelloit *le Pro-*
montoire de Chelonata.

Je paffai par la Ville de *Nava-*
rin , autrefois *Pilo* , bâtie par *Pi-*
lo fils de Clezone : Il n'y paroit
plus rien de ce Temle de Pal-
las que l'on y adoroit.

Je ne pus point trouver en
Achaïe des reftes de cette fa-
meufe Ville du *Phare* , ni la

Fontaine de *Circé* ; j'y ai vû seulement quelques ruïnes de la Ville *d'Oleno*, à prefent *Caminzza*, fi celebre par les Poëtes.

Je vis dans l'Achaïe le Château de *Ligoftizza*, qui conferve encore ce même nom ; Virgile rapporte qu'Anchife, pere d'Enée, y faifoit quelquefois fon fejour ; il eft fur les confins de l'Achaïe & de l'Arcadie : Je fus fur le Mont *Anchifia*, où Anchife fut enfeveli.

Auprés de la Ville de *Gaftoni*, dont le territoire faifoit le païs *d'Elide*, j'ai vû une de fes Villes du nom *d'Eleos*, au milieu de laquelle paffe le Fleuve *Alphée* ; Ce Temple, cette Statuë de Venus, & ce Temple de Pluton, où l'on adoroit ces fauffes Divinités, n'y paroiffent plus.

Je fus à *Modon* dans l'Arca-

die, Ville auſſi petite que celle de Senlis, aſſiſe ſur le bord
de la Mer, que Pauſanias &
Strabon diſent avoir été premie-
rement appellée *Pedoſe* ; Ce fut
dans ſon Port que s'aſſembla
l'Armée de Troye pour la Guerre d'Helene, & non point à
Xante (comme rapporte M. Racine dans ſa Tragedie d'Iphigenie) puiſque ce Païs ſe nommoit
alors *Hyacinte*, & qu'étant une
Iſle, on n'y pouvoit pas arriver
par terre, ainſi que le même
M. Racine y fait venir en droiture de l'Aulide, cette fille
Iphigenie & ſa mere Clitem-
neſtre, pour y trouver Agamemnon.

Modon prit ſon nom d'une
fille nommée *Motone*, qu'eut
Edée fils de Portaoné revenant
de Troye dans le Peloponnéſe

avec Diomede, & ce fut une des sept Filles qu'Agamemnon promit à Achille.

Aprés avoir parcouru ce canton de la Morée, je retournai à Xante, & peu de jours aprés nous nous rembarquâmes pour aller à Napoli de Romanie.

Dans ce voïage nous touchâmes à *Malvoïsie*, autrefois *Epidaure*: on n'y voit plus ce Temple d'Esculape qu'on y reveroit au tems passé.

Auprés de Malvoisie sont les ruïnes de la Ville de Tresene, qui est à present le Village d'*Amalata*: On dit qu'une Fontaine qu'on y voit encore, étoit celle d'Hypocréne ; d'autres la mettent sur le Mont-Parnasse.

A trente milles de Malvoisie je fus au Port de *Cerigo*, où naquit la belle Helene , & je lus ces paroles sur la porte d'une maison , où l'on dit qu'elle prit naissance :

Tectum Helenæ.

A cinquante pas de cette maison, je vis sa statuë en marbre; mais elle est si difforme, qu'elle auroit besoin pour la faire reconnoitre, qu'on y mît ces beaux vers d'Homere , que le Peintre Zeuxis avoit écrit au dessous du Tableau de la même Helene, dont voici le sens.

Les Grecs & les Troïens eurent juste sujet
D'endurer tant de maux pour un si rare objet,
Afin de posseder cette divine Image,

Ils en devoient soûffrir encore davantage.

A six milles de Malvoisie il y a le Lac *Alcinio*, par où la Fable dit que Bacchus passa pour reconduire Semelé dans les Enfers. L'Empereur Neron en fit chercher le fond, mais inutilement.

Aprés que nous eûmes fait depuis Venise douze cens milles par Mer en droiture, nous arrivâmes enfin à Napoli de Romanie, autrefois appellée *Anaplia*, d'Anauplius fils de Neptune & d'Amimone. Napoli a un bon & grand Port à l'embouchure du Golfe : C'est la Place-d'Armes des Venitiens, & il y a au dessus une Citadelle d'une figure irreguliere, mais d'une vaste étenduë, où il paroit quelque

muraille antique, que l'on prétend même être les ruïnes du
Palais où la belle Helene fut en-
levée.

Dés que nous eûmes pris terre pour aller voir la fameuse
Argos, éloignée de dix milles
de Napoli, & lorsque j'eus fait
deux milles de chemin, je trouvai les restes d'un Château nommé *Paliocastro*; *Palios* en Grec
veut dire *vieux*, & *Castro* signifie *Château*: Il appartenoit aux
Souverains d'Argos : Il est bâti
de muraille séche, sans aucun
ciment, & construit avec des
pierres d'une grandeur si déme-
surée, qu'avec quatre seulement l'on en pourroit faire une
chambre ordinaire.

Lorsque je fus arrivé à Argos, je trouvai que ce n'étoit
plus qu'un gros Village ruïné,

avec peu de restes d'antiquité. Il y paroit encore une porte faite de.deux Arcades posées en croix, qui formoient quatre ouvertures ; l'une étoit sans doute l'issuë de la Ville, & les trois autres l'entrée de trois ruës : Il y a les vestiges d'un Temple de Junon, & ceux d'un Collisée, bien moins considerable que celui de Rome, quoiqu'il soit taillé dans le Roc, & que tout cet Ouvrage paroisse naturel.

Argos est dominé d'une Montagne assez élevée, faite en pain de sucre, & sur le sommet je vis un vieux Château qui peut contenir deux cens hommes de Garnison : A la gauche vers le Levant, il y a quelques vestiges de cette Ville, qui me firent comprendre, qu'elle étoit autrefois de la grandeur d'Orleans. Derriere ce Château d'Argos, je vis le fleuve *Eracine*, qui passe encore à dix milles de-là dans le Village de *Nemea*, lieu si fameux par les Jeux Neméens, où Hercules tua le Lion : Ce n'est presentement qu'un ruisseau, sur les bords duquel la Fable prétend que Pluton enleva Proserpine.

De l'autre côté d'Argos, à deux milles de la Ville, il y a le fleuve *Cephise*, dont les Poëtes disent que Neptune faisoit changer le cours, & lui donnoit sous terre une nouvelle route ; Il a encore dix pas geometriques de largeur, & veritablement tous les sept ans il en demeure un enseveli ; Lorsque je le vis, il couloit de sa force ordinaire, & quand je partis de Morée au

milieu de l'hyver , il étoit entierement tari.

A deux milles de ce fleuve ,
du même côté , je fus dans le
Château de Menelas , mari de
la belle Helene , où elle fut en-
levée par Pâris : tout ce qui y
paroit , a un air d'antiquité ,
mais rien de magnifique.

Lorſque je joignis l'Armée
des Venitiens , leur Doge *François Moroſini* en étoit le Capitaine general ; ce même Moroſini qui défendit Candie avec
tant de prudence & tant de valeur , & qui ne la rendit aux forces Ottomanes , qu'aprés vingt-
ſept ans de ſiége : Il mourut à
Napoli quelques mois aprés que
j'y fus arrivé: La République perdit par la mort de ce grand homme un des meilleurs Generaux du
monde , & le plus ancien de l'Eu-

rope, car il commandoit en chef
depuis quarante-huit ans : *Pierre Valier*, Procurateur de Saint-
Marc, fut élevé à la dignité de
Doge aprés lui , & *Antoine Zeno*, Général du Roïaume de Morée , fut pourvû de sa Charge de
Capitaine Général ; & *Marin
Micheli*, Provediteur de l'Armée, succeda à celle de Zeno.

Je trouve la Charge de Capitaine générale la plus belle du
monde pour un Particulier, &
quoiqu'elle présuppose un Commandement absolu, je vais donner une explication de son autorité , pour instruire les gens
qui l'ignorent : Ceux qui en sont
revêtus , doivent être Nobles
Venitiens ; *ils peuvent declarer
la guerre ; ils peuvent faire la
paix ; ils ont droit de vie & de
mort* aussi-bien sur tous les Sujets

jets de la République dans leur département, que dans l'Armée qu'ils commandent, même sur les Officiers generaux : Ils les font mourir quand ils sont criminels ; ils leur font grace , ils les déposent, ils les rétablissent, & les élevent à de nouvelles Charges , selon leur intention ou leur caprice : Il n'y a que les Troupes Allemandes , que les Princes de cette Nation, ou les Comtes de l'Empire , vendent pour toute la guerre , ou prêtent pour un certain tems à la République de Venise, qui joüissent, avec indépendance , des Privileges de la Justice civile & criminelle.

Le Capitaine general ne fait pas toûjours mourir en public les Officiers generaux de son armée, il les punit quelquefois de leurs crimes par le poison. *Barthelemi Coleon*, natif de Bergame, & Général en chef de cette République, finit ses jours par ce genre de mort, pendant qu'on élevoit à Venise sa Statuë equestre dans la Place de Saint-Jean & Saint Paul : Il étoit trop aimé dans son Armée, & l'on craignoit son autorité ; les vertus sont suspectes parmi les Concitoïens, & la République de Venise goûta trop celles de Coleon, & se détacha des obligations du devoir, pour suivre les engagemens de la crainte. Depuis l'exemple de Barthelemi, les Venitiens ne choisissent guéres parmi leurs Sujets, des Géneraux en chef ; ils les prennent ordinairement parmi les Nations étrangeres, mais toûjours dépendans du Capitaine general ;

Celui-ci ne combat que sur Mer
& les autres combattent & commandent sur terre. Pendant la vie
de Morosini nous avions pour General du débarquement le *Comte de Transmendorf*, Allemand
de Nation, brave homme de sa
personne & bon Officier, mais
trop peu politique pour commander à des Italiens. Les Venitiens,
en traitant avec lui, s'étoient re-
servé la liberté de lui donner un
Superieur, quand ils le trouveroient à propos, & peu de tems
aprés la mort du Doge, ils nous
envoïerent le *Baron de Stainhault*
pour General en chef: Le Comte
de Transmendorf piqué de se
voir commandé par un autre
moins ancien que lui dans le service de l'Empire, demanda son
congé, & se retira dans son
païs.

F ij

A la moitié de la Campagne de l'année 1694. le gros de l'Armée Venitienne s'embarqua au deſſous du Château de Me-nelas, & s'en alla faire la con-quête de l'Iſle de *Chius*, pre-ſentement appellée *Chio*, & nô-tre Régiment fut d'un Camp volant qu'on détacha à Corinthe.

Dés que j'y fus arrivé, je mon-tai dans la Fortereſſe, dont la ſi-tuation eſt ſur le ſommet d'une haute montagne, qui domi-noit la Ville. Quoique Saint André y eût prêché avec Saint Paul, il n'y reſte aucune mé-moire du premier, mais je vis dans la Grotte où couchoit ſaint Paul, ſa figure tracée ſur une pierre de marbre, qui le repre-ſentoit dormant, & comme il y fut arrêté priſonnier pendant les dix-huit mois qu'il y prêcha l'Evangile, il avoit une prison particulière; je fus dedans, & j'y trouvai une colomne de marbre, au travers de laquelle est passé un gros anneau de fer, où Saint Paul étoit attaché par le cou.

La Ville de Corinthe, dont le nom vient de *Corinthus*, fils de Jupiter, laisse voir encore quelques restes de son enceinte, qui font juger qu'elle étoit de la grandeur de Toulouse : Elle est entierement inhabitée, & depuis les desordres de la Guerre, on n'y voit plus rien de ces Statuës de bronze d'Apollon, de Mercure, de la Peur, ni de ce Temple d'Octavie, sœur d'Auguste, Empereur Romain, non plus que des Temples des Cyclopes, de la Fortune, de la Violence & de la Necessité.

Il y a encore dans Corinthe huit colomnes d'un Temple de Venus, & à cinquante pas de ce Temple j'ai vû quelques reftes du Palais de la Diffolution, où l'on tenoit mille femmes deftinées aux plaifirs des Voïageurs étrangers : C'étoit auffi dans ce Palais où logeoit la belle Laïs, dont les faveurs coûtoient fix talens à chacun de fes Amans, & par rapport à cette fomme, (qui valoit dix mille huit cens livres de nôtre monnoïe) on difoit le Proverbe : *Il n'eft pas permis à tout le monde d'aller à Corinthe* : Non *licet omnibus adire* Corinthum.

A cent pas de ce Palais, il y a un Collifée femblable à celui d'Argos.

A cinquante pas de la porte de Corinthe, fur le chemin d'Athenes, j'ai vû le Tombeau de Diogene sous une voute souterraine.

A six milles de Corinthe on y voit encore une muraille à demi ruïnée, qui traverse l'Isthme, bâtie par *Barthelemi d'Este*, & à tous les trente pas une Tour qui la défendoit ; Entre cette muraille & un autre Château nommé *Paliocastro*, il y a quelques ruïnes d'un Temple de Junon, où l'on faisoit les Jeux Isthmiques ; & à deux milles de ce Temple on voit encore six Puits, que Neron avoit fait creuser comme le commencement de la jonction des deux Mers qu'il prétendoit faire : Quelques-uns disent que Philippe, Roi de Macedoine,& pere d'Alexandre le Grand , avoit fait travailler au même dessein , mais ils se

trompent ; car outre qu'il ne paroit point d'autre ouvrage, il est
bien seur que lorsque ce Roi
consulta l'Oracle de Delphes sur
ce projet , les Grecs qui crai-
gnoient sa puissance , corrom-
pirent la *Pithye*, & l'obligerent
de prédire à Philippe des accidens funestes, s'il entreprenoit
ce travail.

J'ai été à quatre milles de Corinthe, au Port de *Saint-Créa*, où
j'ai vû quelques restes d'un
Temple de Neptune.

Je fus ensuite à douze milles
de Corinthe dans la Forest de
Saint Basile, sur le bord de laquelle il y avoit plusieurs Tom-
beaux d'Hommes illustres ; mais
on n'y distingue plus que des
grosses pierres de marbre , tra-
vaillées,& presentement placées
sans dessein.

De

De ce même côté vers le Levant est le chemin de Thebes, & un peu sur la droite aussi vers l'Orient est la route de Mégare, de même que celle d'Athenes ; la premiere à quarante, la seconde cinquante , & l'autre à quatre-vingt milles de Corinthe : Je ne fus point alors dans ces trois Villes , parce qu'elles sont presentement sous la domination des Turcs.

Je vis à dix milles de Corinthe le Mont Hélicon , qui regne le long du Golfe , & qui finit à son embouchure : il n'est pas à beaucoup prés si élevé que le Mont-Cenis dans les Alpes de Savoye.

Avant que nôtre Armée Navale partît pour la Conquête de Chio, nous demeurâmes campez pendant un mois sous le Château de la belle Helene :

L'exemple de Pâris ne m'inspira
pas le desir d'aucun rapt ; mais
je crus que sans être Grec je
pouvois comme lui aimer en
Grece. Tout le monde sait que
les Allemans voiturent leurs
femmes en campagne. Le Prince de Valdeck avoit prêté un
Regiment de cette Nation à la
Republique de Venise : Je fis
connoissance avec le Colonel-
Lieutenant qui le commandoit :
Il étoit marié, & avoit une femme aussi belle que coquette : je
lui donnai mes assiduitez , & je
la trouvai peu cruelle : Je la re-
vis au Camp de Corinthe avec
les mêmes yeux ; mais un mois
aprés que nous y fûmes arrivez,
une fiévre continuë me mit à
l'extrémité ; La Dame Allemande qui craignoit le même sort
par la contagion des maladies

generales, partit du Camp, &
s'en alla dans la Forteresse ; elle
m'envoïoit visiter assez souvent,
& son laquais se trouvoit un
jour dans ma Tente, lorsqu'un
Officier que j'avois envoïé à la
Forteresse pour me procurer un
logement, me disoit de la part
du Provediteur, qu'il n'y en
avoit point de vuide : Je char-
geai ce laquais de dire à sa
Maitresse, que j'irois changer
d'air dans quelque Village de la
Plaine ; Cependant je fis reflexion, que Marin Micheli, qui
commandoit alors nôtre Armée,
pourroit par son autorité me
faire donner un quartier dans la
Forteresse ; je m'adressai à lui,
& il m'envoïa un ordre pour le
Provediteur;on me marqua une
maison où je me fis porter le lendemain. Pendant qu'on dressoit

mon lit de Camp, j'étois ap-
puïé sur une fenêtre, qui regar-
doit justement sur le logement
de la Dame Allemande : elle
parut en même tems sur un bal-
con, & je la reconnus malgré
la distance des lieux ; mais comme j'étois en robe de chambre,
elle ne put pas me reconnoitre
à son tour, d'autant plus qu'elle me croïoit dans quelque Village : Je lui fis signe de mon
mouchoir, auquel elle répondit de même, mais je me retirai d'abord pour me reposer ;
Comme ma fiévre se relâchoit
depuis quelques jours, elle me
donna le tems de préparer un
piége à la coquetterie de cette
femme : J'avois fort bien compris par la réponse du mouchoir,
qu'elle cherchoit à se faire une
nouvelle intrigue ; Tous mes

Valets étoient morts ou mala-
des depuis le commencement
de la Campagne, & j'étois obligé de me servir des Soldats de
ma Compagnie : J'en avois un,
entre autres, auprés de moi, Allemand de Nation, & plus adroit
que ne sont les gens de son païs;
je l'envoïai à la Dame pour lui
faire mes complimens, & je lui
donnai sa leçon , dont il s'ac-
quita tres-finement. Il lui dit
que je m'appellois *Birkenfeldt*;
que j'étois de Francfort , & que
me trouvant à Venise au départ
du dernier Convoi, j'en avois
profité pour faire volontairement
le reste de la Campagne en Morée; que la Mer m'avoit un peu
fatigué , mais que comme je
n'avois point eu de fiévre , je se-
rois bien-tôt en état de la voir,
Elle lui répondit, qu'elle m'étoit
G iij

obligée de mes civilitez, mais
que des femmes Grecques chez
qui elle logeoit, ne lui laissoient
pas la liberté de recevoir de visites : Je lui écrivis le lendemain
par la main de mon Soldat, car
quoique je sçusse écrire en Allemand, je ne voulus point me
servir de la mienne, parce qu'elle connoissoit déja mon caracté-
re : Elle me fit réponse, & nous
continuâmes ce commerce pendant quelques jours, toûjours
sous le nom de *Birkenfeldt* : Elle s'enyvroit d'autant plus dans
son erreur, qu'un laquais qu'elle avoit envoïé dans nôtre Camp
pour savoir de mes nouvelles,
ne me trouva plus : il apprit seulement par quelques Soldats,
sans autre particularité, que j'é-
tois allé changer d'air. Je com-
mençois à me lasser de joüer ce

perfonnage, lorfque je lui mandai, fi elle voudroit bien venir
dans mon logis : Elle y confen-
tit, & me marqua le rendez-
vous à onze heures du foir. Il y
avoit quelques jours que je me
levois, & que je defcendois à
ma porte fans lumieres pour l'attendre, lorfque je la vis arriver.
On jugera de fa furprife, quand
je lui dis que Monfieur *de Bir-
kinfeldt* l'attendoit dans fa
chambre avec de tendres im-
patiences : Elle reconnut ma
voix, & voulut s'échapper ;
mais je la retins, & je la
conduifis dans mon appartement : Elle fondoit en larmes,
moins de repentir que de honte. Je l'accablai de reproches
dans le commencement, mais
enfin j'eus pitié de fa confufion,
& pour la confoler je lui promis
G iiij

mon estime & ma tendresse,
quoique j'eusse bien resolu de
lui manquer de parole. En effet je me détachai entierement,
& si je lui rendis quelquefois
les honnêtetez que l'on doit à
son sexe, je conservai toujours
le mépris que méritoit son infidelité.

Peu de jours aprés cette avanture, sur le bruit de l'approche
des Turcs, je rejoignis l'Armée,
& le lendemain ils entrerent
dans l'Isthme, & passerent sous
la Forteresse, du côté de la
Mer, à la vûë de nôtre Camp,
sans que nous pussions les attaquer par l'inégalité de nos forces. Ils commençoient à faire
des irruptions dans le Roïaume,
lorsque Marin Micheli détacha
toute nôtre Cavalerie pour les
suivre : Plusieurs Officiers vo-

lontaires se détacherent eux-
mêmes, & je fus du nombre :
Le Sergent general *Lanoya*, qui
nous commandoit, avoit ordre
d'insulter le Seraskier, sans le
combattre ; mais par une déli-
catesse d'un homme sans experience, il crut devoir faire quelque exploit heroïque, & ren-
contrant les Turcs le dix d'O-
ctobre 1694. dans le Village de
Saint-George, il nous les fit attaquer, mais avec tant de desavantage pour nous, que nous
fûmes entierement défaits, &
nous perdîmes plus de la moitié
de nos Officiers par la mort ou
par l'esclavage.

Quelques jours aprés ce combat, les Turcs retournerent dans
leur païs, & nous entrâmes dans
nos quartiers d'hiver.

Lorsque je vins au Levant,

Marianne que j'avois laissée
à Venise, vouloit absolument
me suivre, croïant bien colorer
son voïage sous prétexte de rejoindre son Epoux, & de rester
avec lui comme les autres femmes des Officiers de nôtre Armée; mais quoique par la veritable amitié que j'avois pour
elle, je souhaitasse fortement
de l'avoir avec moi, je ne voulus point exposer sa reputation.
Quelque tems aprés que je fus
arrivé dans le Roïaume de Morée, son mari fut tué par un
Parti des Turcs; je le mandai
d'abord à Marianne, & je lui
représentai tous les embarras
où elle se seroit trouvée, si je
l'avois laissé venir en Grece,
puisqu'alors elle n'auroit plus eu
de prétexte pour y rester. Cet
avis, bien loin de changer sa pre-

miere refolution, la fortifia davantage, par la certitude que
nous ferions enfemble dans une
plus grande liberté;Un de mes a-
mis m'écrivit de Venife,& m'apprit, fans autre particularité,que
dés qu'elle avoit reçû ma Lettre,
elle s'étoit embarquée avec fa
petite fille fur une Marfiliane,
qui venoit au Levant. Je crus
qu'elle auroit profité de l'occafion d'un Convoi que nous at-
tendions depuis trois mois, &
comme j'eus avis qu'il avoit
moüillé l'ancre au Port de Corfou, je pris une Chalouppe pour
aller à l'Ifle de Xante, où je favois qu'il devoit inceffamment
paffer pour arriver en Morée:
Je comptois que Marianne feroit dans ce Convoi, & puifqu'elle venoit me joindre, & que
le mal étoit fans remede, je me

faisois un plaisir d'aller à sa rencontre pour la conduire dans mon quartier; Je trouvai le Convoi qui relâchoit à Xante, & dans le tems que je cherchois inutilement Marianne dans tous les vaisseaux, le Consul de France me rendit une Lettre qu'une Tartane Françoise, venant de Barbarie, avoit apportée depuis peu de jours: Je fremis au nom de ce païs, lorsque je reconnus le caractere de Marianne, mais je fus bien plus touché, quand je lus ce qui suit.

Quoique l'excés de mon amour m'aït jetté dans les fers des Barbares, ne me croïez point assez foible pour me plaindre de les porter, je crains moins leur poids, que vôtre éloignement, & si j'avois encore ma premiere li-

berté, je la risquerois mille fois pour vous revoir; vôtre absence & ma fille font mes seules douleurs; l'une accable mon cœur, & l'autre semble me reprocher de lui donner des chaines sitost que je lui donne le jour; ainsi ma passion & la nature me déchirent tour à tour; Je ne vous verrai plus, tendre Amant, pour qui je soûpire; & Toi, triste & malheureux fruit d'une ardeur criminelle, tu deviens la victime de mon amour, sans être coupable de mon crime. O malheureuse Amante! ô Mere infortunée! quel parti doivent prendre mes larmes? je perds pour jamais un Amant que j'adore, & je forme à mon enfant une chaine éternelle. Grand Dieu! qui voïez tant de peine, moderez mes ennuis, & vous, cher Objet de mes feux, recevez ce *dernier adieu des douleurs de la Mere & des pleurs de la Fille. A Tripoly, le 22. d'Octobre 1694.*

MARIANNE.

Elle me faisoit ensuite le détail de son voïage, & celui de sa captivité, & me mandoit que dés qu'elle eût appris par ma Lettre la mort de son mari, l'empressement qu'elle avoit eu de me rejoindre, ne lui avoit point permis de consulter sa raison, ni les dangers dont elle étoit menacée, & que sans attendre le Convoi qui devoit partir de Venise, elle s'étoit embarquée sur une Marsiliane marchande ; qu'aux écüeils de Sazino, les vents contraires l'avoient jettée hors du Golfe Adriatique, & que lorsqu'elle doubloit le Cap Sainte-

Marie, pour relâcher en Sicile, des Corsaires Tripolins l'avoient prise, & fait esclave tout l'équipage du Bâtiment, & qu'elle avoit le même sort avec sa fille. Ce coup réveilla mon cœur & ma reconnoissance, & j'ose dire sans foiblesse, que de tous les malheurs de ma vie celui-ci me frappa le plus sensiblement, par rapport à cet excés d'amour qui mettoit ma Maitresse dans les fers, & moi dans la juste crainte de ne la revoir jamais. Je tirai d'abord des Lettres de change du Consul de Xante sur *Mr. de la Mere*, Envoïé du Roi à Tripoly, & Marianne reçut tout l'argent necessaire pour païer sa rançon & celle de sa Fille, & pour réparer en partie les débris de ses pertes. Je lui mandai, que si elle n'avoit point d'attachement par-

ticulier pour l'Italie , je lui con-
feillois d'aller en France ; que
j'avois refolu d'y retourner dans
peu de tems , & que je la rever-
rois, en paffant, à Marfeille. Dés
qu'elle eût reçû ma Lettre, elle
profita de l'occafion du premier
vaiffeau, & s'en alla directement
à Marfeille. J'avois effectivem-
ment refolu de fuivre bien-tôt
la même route , mais une fuite
des maux que j'avois foufferts la
Campagne precedente , me mit
dans un nouvel accablement, qui
ne me laiffa pas la force d'entreprendre un fi long voïage : je
paffai le refte de l'hiver dans
cet état , & l'Armée des Turcs
qui parut à l'Ifthme de Corinthe
fur la fin du mois d'Avril , ne me
permit pas de me retirer avec
honneur dans une pareille occafion ; Cependant Marianne,

aprés

aprés m'avoir inutilement atten-
du pendant six mois dans le Port
de Marseille , sans recevoir même de mes Lettres , quoique je
lui écrivisse assez souvent , partit de France , & s'en retourna à
Venise pour avoir de mes nouvelles. D'abord qu'elle y fut arrivée, elle me manda, que si je
ne revenois pas bien-tôt , elle
risqueroit encore les mêmes pé-
rils qu'elle avoit déja courus
pour aller me trouver en Grece;
mais je l'assurai si fort de mon
retour par ma réponse , qu'elle
s'arma de patience , & lorsque
la Campagne fut finie , je re-
passai par Venise exprés pour la
revoir.

Le Capitaine-General Zeno
avoit amplement rempli toute
l'attente des Venitiens dans la
conquête de l'Isle de Chio; mais

H

il prit si peu de soin pour la conserver, qu'il se laissa surprendre dans son propre Port par la Flote Ottomane : Il essuïa deux combats en deux jours consecutifs avec tant de desavantage, qu'il perdit six vaisleaux de Guerre coulez à fonds ou sautez en l'air par la force des poudres, & fut enfin contraint dans le mois de Janvier 1695. d'abandonner l'Isle & la Ville de Chio avec plus de deux mille hommes de son Armée, qui resterent exposez sans défense à la fureur des Turcs. Le Senat indigné de sa foiblesse le rappella chargé de chaines, & le fit empoisonner ensuite dans les prisons de Venise; trois mois aprés on substitua à sa place *Alexandre Molin.*

Quoique les Turcs parussent à l'Isthme de Corinthe, comme

J'ai déja dit , toute nôtre Armée s'embarqua , & nous fîmes voile sur le Golfe de Ne-
grepont : Dans cette course nous
passâmes au pied des *Thermopyles*,
où Leonidas avec trois cens La-
cedémoniens arrêta toutes les
forces de l'Asie, jusques à ce que
les perfides habitans de ces montagnes eurent donné les moïens
de vaincre ce grand homme. Je
ne sai si l'on ignoroit alors la
maniere de faire la Guerre, mais
malgré le sentiment d'Herodote,
ce Poste ne me parut pas bien
difficile à prendre , & si Xercés
l'eust attaqué dans le commencement, comme le Marquis *de*
Feuquieres, sous les ordres du
Maréchal de Catinat , assiegea
la Montagne des Quatredents
l'année 1690. c'est-à-dire, en oc-
cupant les hauteurs , il auroit

vaincu la premiere resistance de Leonidas avec la même facilité, que ce Général défit les Barbets.

Des Thermopyles nous allâmes dans le Port d'Athenes, & pendant que nous étions à la rade, le Capitaine-General fit demander au Bacha, qui commandoit dans la Place, s'il pouvoit envoïer deux Officiers en seureté pour traiter de la rançon de quelques Esclaves qu'il avoit en son pouvoir depuis le combat de Saint-Georges. Le Bacha y consentit, & je fus nommé avec un Colonel de Dragons: Je visitai soigneusement dans Athenes ce fameux Temple de Minerve, qu'une bombe des Venitiens détruisit en partie, lorsqu'ils prirent cette Ville l'an 1687. Ceux qui l'ont encore vû

dans son entier, m'ont assuré
que c'étoit le plus bel & le plus
riche ouvrage de l'Antiquité; son
pavé & tout le dedans étoit de
porphire, de jaspe, & d'autres ouvrages à la Mosaïque, dont l'Or
qui le couvroit, ne faisoit pas le
plus haut prix. Je vis à Athenes
l'endroit où s'assembloit ce Senat auguste nommé l'*Areopage*,
où l'on interrogeoit les Athe-
niens pour savoir d'eux à quoi ils
passoient le tems, & à quel emploi ils gagnoient leur vie: L'o-
bligation qu'ils avoient d'en rendre compte, les faisoit vivre a-
vec plus de retenuë, & les portoit insensiblement à la vertu.

Il y a encore dans Athenes
un Temple de Diane, la Lan-
terne de Diogene toute entiére,
& quelques vestiges du Portique, qui étoit autrefois un Edi-

fice public ;& qui servit depuis de rendez-vous à Zenon & à ses Disciples pour leurs disputes: Ils en furent appellez *Stoïciens*, du mot grec *Stoa*, qui signifie *Portique*.

J'y trouvai encore deux familles des Paléologues : La Ville d'Athenes n'est pas plus grande que celle de Meaux en Brie ; Un gros Château la domine , qui fait toute sa force : Elle avoit deux Ports, l'un nommé le *Port-Pyrée* , & l'autre *le Port-Lion* ; ce dernier étoit fermé d'une seule chaine , quoiqu'il pût contenir plus de cent vaisseaux.

Cette Ville étoit autrefois une des plus grandes Villes de l'Orient ; ses murailles sont aujourd'hui éloignées de sept milles de la Mer,& son enceinte alloit autrefois jusques aux Ports.

Tout le monde en convient, &
deux Lions de marbre que les
Venitiens ont fait transporter à
Venise, & placer à la porte de
leur Arcenal, font foi de cette
verité : L'un étoit situé prés du
Port-Pyrée, & l'autre à trois
milles sur le chemin de la Ville,
avec des inscriptions qui signi-
fioient, qu'ils étoient tous deux
dans la Ville même.

Lorsque j'eus satisfait conjoin-
tement avec le Colonel de Dragons au devoir de nôtre com-
mission nous retournâmes à nôtre Bord, & le lendemain nous
fîmes voile pour revenir à Napoli de Romanie, sur les avis
que nous eûmes, que les Turcs
s'en étoient approchez.

En revenant nous rafraîchî-
mes à Porte-porée, où je ne
trouvai point de maisons entie-

res, mais j'y vis quelques ruïnes de la Ville de *Bucephalie*,
qu'Alexandre fit bâtir à la me-
moire de son Cheval.

Nous arrivâmes à Napoli peu
de jours aprés, & nous vîmes
les Ennemis campez dans la
Plaine d'Argos; nous debarquâ-
mes aussi-tôt le 10. de Juin 1695.
& nous marchâmes droit à leur
tête; mais comme ils nous é-
toient superieurs en Cavalerie
par le nombre & par la valeur,
& qu'ils ne vouloient pas exposer leur Infanterie, qui, à la
reserve de quelques Janissaires,
ne valoit pas grand'-chose, leur
Seraskier détacha huit mille
Spahis pour nous attaquer par
les deux flancs: Le Baron de
Stainhault, brave & prudent
Général, fit faire à droite à toute nôtre Armée, en garnit les
dehors,

dehors, & le flanc de la quëüe de nos chevaux de frise, & la faisant marcher en colomne, occupa des hauteurs qui couvroient l'aîle gauche des Turcs; ce mouvement fut le commencement du combat, & par le feu de nôtre canon & de quelques pelotons d'Infanterie qui marchoient à nôtre tête, nous forçâmes la resistance des Spahis, & nous nous saisîmes du Village d'Argos; mais la nuit nous separa, & l'affaire ne fut pas entierement engagée : Le Serafkier qui connut l'avantage de nôtre poste, partit à dix heures du soir, & nous déroba sa marche : Nous ne fûmes pas obligez de le poursuivre, car de son propre mouvement il repassa le Détroit de Corinthe, & par sa terreur panique il nous délivra des justes craintes que nous avions pour la perte du Roïaume.

Entre Argos & Corinthe je trouvai quelques restes de la Ville de *Sicyone* bâtie l'an 1890. du Monde, où il y avoit un Temple de Castor & Pollux, & un autre d'Esculape avec sa statuë.

A deux milles de Sicyone je fus dans le Château de *Focia*, qui étoit autrefois une Ville sous le nom de *Fliasia*, où naquit Pythagore ; elle étoit arrosée du fleuve Arbone, qui ne coule pas à présent plus gros qu'un ruisseau.

Ce qu'on appelloit autrefois *Missene*, est encore une petite Province sous le même nom; Elle a dans sa jurisdiction une Ville assez semblable à celle de Clermont en Beauvoisis, mais très-forte, qu'on appelle *Coron*,

& qu'Homere nommoit *Fedaso*. Ce que quelques Auteurs modernes difent être un Village fous le nom de *Calaurita*, eft encore une Ville, où j'ai vû les ruïnes de celle d'*Helicé*.

A cinquante milles d'Argos, fur le chemin de Sparte, j'ai paffé par le Village de *Leondari*, qui étoit autrefois la Ville de *Megallopolis* ; *Megallos* en Grec veut dire *grande*, & *Polis* veut dire *ville*.

Je fus à Lacedemone , appellée *Sparte* , depuis que Lacedemone fils de Jupiter eût époufé Sparte fille d'Eurota. Le fleuve Eurota , qui n'eft plus qu'un ruiffeau , paffe au milieu de la Ville de Sparte, qui prefentement a pour troifiéme nom celui de *Mififtra*. Si Licurgus y revenoit , il trouveroit fes loix bien changées, car bien que les. Venitiens s'efforcent de les imiter, leur domination fur les Païs conquis n'a pas la même douceur que cette fage République faifoit goûter à fes Citoïens dans fon gouvernement, & Mififtra auroit encore befoin que le Roi Theopompe refufcitât pour créer des Ephores, qui puffent balancer la puiffance Venitienne, comme les Tribuns étoient oppofez à l'autorité trop grande des Confuls Romains.

La Ville de Mififtra eft fituée dans une plaine ; elle n'eft guéres plus grande que celle de Melun ; elle a un Château qui la domine, & qui la défend ; on y voit encore quelques reftes d'un Temple de Mars, & d'un autre d'Efculape ; cette Ville eft fi ruïnée, qu'on ne fauroit plus distinguer la grandeur de sa premiere enceinte.

La Ville d'*Amicle* à trois milles de Mififtra, affife fur le Mont *Taïgeto*, où nâquirent Caftor & Pollux, ne paroit plus, depuis que ce Mont fut en pattie renverfé par des tremblemens de terre.

J'ai vû le fleuve *Alphée*, le même que les Poëtes difent paffer fous la Mer, & fortir en fuite dans le Roïaume de Sicile, fans perdre la douceur de fes eaux : Il coule encore fous le même nom auffi large que la Seine à Paris : je fus à fa fource, qui eft au deffous du Mont *Foloé*, féjour des Centaures ; à cette fource il y paroit encore une colomne de marbre, avec des infcriptions qu'on ne fauroit plus lire.

I iij

Sur les bords de ce fleuve il y a quelques restes de la Ville d'*Olympias*, où les Grecs faisoient les Jeux Olympiques, & tout prés sont quelques restes d'un Temple de Jupiter.

Lorsque j'eus quitté le service des Venitiens, je partis de Napoli de Romanie, & je vins le même jour au Village de Saint-Georges à dix milles d'Argos, où nous avions été défaits par les Turcs la Campagne precedente : ce lieu me parut bien moins remarquable par ce combat, que par le nom qu'il portoit autrefois ; c'étoit l'ancienne *Mécene*, dont les vestiges de l'enceinte me parurent de la grandeur de Soissons.

Le lendemain je partis de Saint-Georges, & quand j'eus fait quatre ou cinq milles de chemin, je découvris dans une plaine sur ma droite une espece d'Edifice : La curiosité m'y conduisit, & j'y trouvai toutes les ruïnes d'un vaste Temple renversé: il n'y a plus rien dans son entier , que deux Colomnes d'une grosseur prodigieuse ; Je m'arrêtai quelque tems à considerer cet ouvrage, sans le connoitre, mais enfin j'apperçus une piece de marbre tombée , qui sans doute étoit le frontispice du Temple, & sur laquelle étoit gravée la figure d'un Paon. A cette devise par rapport au changement de couleurs, je connus que c'étoit un Temple de Junon, & cette verité me fut depuis confirmée.

Aprés quelques journées de voïage du côté du Golfe de Corinthe , je découvris de l'autre côté la Ville de Teupante, qu'on appelle à présent *Lépante*, nom si fameux depuis que sur son rivage, le Pape, les Espagnols, les Venitiens & les Génois liguez ensemble, donnerent ce combat naval contre les Turcs l'année 1571. où ces Confederez remporterent une si grande victoire, que le Croissant se vit presque renversé : Colomne commandoit les Troupes de l'Eglise, Dom Juan d'Autriche les Espagnols, Doria les Génois, & Barbarigo les Venitiens. Ce dernier Général y fut tué ; j'ai vû son corps dans la Chartreuse de Venise, & le coup de fléche qu'il reçut dans l'œil gauche, dont il mourut, paroit encore.

Lépante est une Place des Venitiens, ville assez petite ; Elle est située sur la croupe d'une montagne, & elle a une Citadelle qui la domine ; elle est dans le Païs de la Romelie, que l'on nommoit autrefois *Tessalie*.

A quatre milles derriere Lépante je vis entre deux montagnes la situation de la ville de *Galatée*, remarquable par les Epitres de Saint Paul aux Galates.

A cinq milles au dessous de Lépante sur les bords du Golfe je vis une des deux Dardanelles qui le défendent, & je passai par l'autre qui se trouvoit de mon côté : ces deux Châteaux sont assez forts. Le nom de *Dardanelles* vient de *Dardano*, qui bâtit les Châteaux du Détroit de Gallipoli, autrement appellez *Dardanelles*.

A cinq milles plus bas je trouvai la ville de *Patrasso*, qui a une Citadelle tres-foible; c'est presentement une petite Ville, mais je peux juger par les ruïnes de ses murailles, qu'elle étoit aussi grande que celle de Chartres : Elle étoit autrefois la Capitale d'un Roïaume de ce nom; elle a un reste de Port de Mer, prés duquel je trouvai dans une Chapelle de Grecs, une Fontaine qu'on nomme *Saint André*; elle porte ce nom, parce que Saint André, revenant de Corinthe, voulut aussi prêcher l'Evangile à Patrasso, & qu'il y fut crucifié : Ce même lieu de son martyre étoit auparavant un Temple de Neptune.

Peu de tems avant que Mahomet II. chassât de la Grece les Princes Paléologues en l'an

1462. Thomas de ce nom fut trahi par un de ſes Freres, & contraint de s'enfuir : Il chercha ſon azyle à Rome, & y porta la tête de Saint André, qu'on avoit ſoigneuſement conſervée dans le Peloponneſe ; Il remit ce ſacré dépôt entre les mains du Pape Pie II. J'ai vû de l'autre côté du Golfe, vis-à-vis Patraſſo, à quatre milles de diſtance, le Mont Parnaſſe, beaucoup plus haut que le Mont Helicon : il eſt eſcarpé, & entierement dépoüillé, & ſeulement engagé dans une chaine de rochers affreux.

A Patraſſo je ſortis du Roïaume de Morée, & je m'embarquai dans ce Port pour revenir en Italie. Aprés cent cinquante milles de navigation je touchai à l'Iſle de Sainte-Maure, qu'on appelloit autrefois *Leucades*. Les Venitiens la prirent sur les Turcs l'an 1684. A la pointe de cette Isle vers le Levant, il y a un gros Bourg & une tres-belle Forteresse, c'étoit là justement où finissoit l'Epire. Je m'embarquai à cette pointe, & dans la distance de douze milles, qu'il y a de cette Isle jusqu'à la petite Forteresse de la Preveza à l'extrémité du Golfe, je vis le Promontoire d'Actium, si fameux par la bataille de Cesar-Auguste contre Marc-Antoine, lorsque celui-ci prit la fuïte avec Cleopatre.

Ensuite pour changer de route je traversai le Golfe Adriatique, & je pris terre à Ottrante dans la Terre de Barri. Aprés que j'eus fait ma quarantaine dans ce Port, je voïageai tou-

jours en terre-ferme , & je par-
courus tout le Roïaume de Naples , qui n'a guéres moins de
longueur qu'il y a de diſtance
de Paris à Perpignan : ce Roïaume renferme le plus beau Païs
du monde , le plus fertile , &
le plus delicieux , mais il n'eſt
pas aſſez peuplé à proportion
de toutes ſortes de vivres dont
il abonde.

Quelques peines que le Marquis de Carpio ait priſe pendant
ſa Viceroïauté de Naples pour
exterminer les Bandis de ce
Roïaume, il y en a toujours un
grand nombre.

Aprés que j'eus fait quelques
journées depuis Ottrante , je
marchois tranquillement le long
d'un Bois à deux milles au de-
là de Monopoli , lorſque j'entendis devant moi tirer trois

coups de fufil au coin d'un Bois ; je courus à toute bride avec mes valets vers l'endroit où j'avois vû le feu , & je n'y trouvai ni morts ni bleffez : j'apperçus feulement trois hommes à cheval qui rentroient dans le bois , & un autre plein de fraïeur qui fe jettoit dans les champs : Ce dernier étoit un Marchand de Monopoli , & les autres étoient trois Voleurs , qui vouloient l'affaffiner : Je continuois ma route , lorfque le Marchand qui me vit aller du côté de Monopoli , & qui ne douta point que je ne fuffe de la troupe qui l'avoit attaqué , penfa me facrifier à fa vangeance : il feignit de s'éloigner de mon chemin , & s'en alla en toute diligence à Monopoli par de petits chemins : Il y arriva

plûtôt que moi , & dit à la Justice du lieu , qu'une partie des
Voleurs qui l'avoient attaqué,
venoient passer dans la Ville. En
entrant dans Monopoli, je me
vis arrêté entre deux portes , &
soigneusement desarmé par une
Garde de cent hommes ; On
me conduisit chez *le Vaugador* ,
qui est le Chef du *Collateral*,
c'est-à-dire , de la Justice ordinaire; les autres Juges s'y assem-
blerent avec un habile Greffier,
pour m'entendre : Le Marchand
qui étoit aussi present , demandoit vangeance contre moi, l'on
m'interrogeoit pourquoi j'avois
voulu l'assassiner , & si je ne
savois pas que ce crime mérite
la mort? Je ne m'amusai point
à répondre à cet interrogatoire,
je montrai mes passeports , &
je dis à mes Juges qu'un hom-

me de ma profession ne faisoit
pas celle d'Assassin, & que je
ne marchois pas en équipage de
Voleur : On connut l'erreur du
Marchand & mon innocence,
& l'on me mit hors de Cour &
de procés.

Le lendemain que je fus parti
de Monopoli, j'arrivai dans la
ville de Barri, où Charles-Quint
fit bâtir pour sa défense un des
plus beaux Châteaux de l'Europe. Je fus surpris de voir dans
un Païs Espagnol des Fleurs-
de-lis semées sans nombre sur la
porte de l'Eglise Saint-Nicolas
de cette ville ; mais on m'apprit
qu'elle avoit été bâtie par Charles d'Anjou, frere de Saint-
Loüis, & Roi de Naples ; On
me montra dans cette Eglise le
Corps de Saint Nicolas, dont
le genou droit jette conti-
nuelle-

nuellement une eau toute claire
& miraculeufe, qu'on nomme
la Manne.

A deux milles au de-çà de la
ville de Barleta, à cent dix milles au-de-là de Naples, je paffai dans la Plaine de *Cannes,* &
j'y vis le champ de bataille, où
Hannibal défit les Romains
commandez par le Conful Var-
ron & par Paul-Emile fon Col-
legue.

De Cannes je quittai la route ordinaire, pour paffer à Benevent, où Conradin fils de Federic, Roi de Naples, & petit-
fils de l'Empereur Federic III.
de la Maifon de Suaube, difpu-
tant les Etats de fon pere contre Charles d'Anjou, fut dé-
fait par celui-ci, qui lui fit tran-
cher la tête dans la Place des
Carmes de Naples.

De Benevent je vins à Naples, autrefois appellée *Parteno-pé* : Je visitai le Château-neuf, & le Château Saint-Elme , dont le Duc de Guise parle si particulierement dans ses Memoires, au sujet de la revolution de Mazaniello en l'an 1647. Ces deux Forts sont des ouvrages consi-derables.

La Ville de Naples est tres-grande & tres-belle : Elle est situ-ée sur le bord de la Mer , & peuplée d'environ cent cinquan-te mille personnes.

Je me trouvai present à l'En-trée du Duc de *Medina-Celi*, que l'Espagne envoioit pour rele-ver le Marquis de Saint-Etienne Viceroi de ce Roïaume. Je n'ai jamais rien vû de plus pompeux ni de plus riche, que cette En-trée , & si les Espagnols ont

quelque chofe d'extraordinaire
dans leur habillement & dans
leur fafte, ils ne cedent point
en magnificence aux autres
Nations de l'Europe. J'appris
alors toute l'autorité des Vi-
cerois de Naples : je favois
qu'ils ne pouvoient rien decider fans le confentement du
Collateral, mais j'ignorois que
comme Capitaines generaux,
dont ils ont tout le caractere,
ils peuvent fouverainement juger des points civils & criminels.

Je remarquai devant la porte
de l'Eglife de Saint Gaëtan de
Naples, quatre Colomnes en-
tieres d'un Temple, premiére-
ment dédié à Apollon, & depuis confacré à Caftor & Pollux ; la ftatuë de l'un de ces
Dieux y paroit encore, quoi-

qu'à demi gâtée.

Je fus à huit milles de Naples sur le Mont Vesuve, qui n'avoit point alors jetté de feu depuis deux ans, mais j'appris que quand il en jette, il vomit en même tems des pierres enflâmées, qui font un effet semblable à celui des Bombes ; car elles détruisent les maisons qui sont au pied de la Montagne, selon le hazard qui les conduit. Je vis sur le sommet de cette montagne ce Gouffre horrible, d'où sort sans cesse une fumée aussi grosse que l'Eglise Nôtre-Dame de Paris.

Sur le chemin de Naples à *Poucioli*, ville autrefois plus grande que Naples même, il y a une longue Grotte, où Ciceron tenoit son Ecole ; ensuite on rencontre un Amphiteatre bâti

par les Grecs, & deux Temples,
un de Neptune, & l'autre de
Jupiter.

A cent pas de Naples il y a
une Grotte où l'on voit le Tombeau de Virgile.

A huit milles de Naples dans
l'ancienne Ville de Bayes, on
trouve le Lac Averne, & prés
de ce Lac un Temple d'Apollon enfuite rétabli par Diocle-
tien : Auprés de ce Temple on
voit l'Antre de la Sybille Cu-
mée, & la Grotte où elle pro-
nonçoit fes oracles. Il y a encore dans Bayes de tres - beaux
Bains, un Palais de l'Empereur
Neron, dont les veftiges paroiffent auffi grands que la Ville
de Verfailles. Prés de ce Palais
il y en a un autre de *Caïus Ma-
rius*, & un Temple de Venus.

Vis-à-vis l'ancienne Ville de

Bauli à dix milles de Naples, il y a un Temple d'Hercules, situé dans la Mer, & un autre de Diane: Il y a dans Bauli le Temple d'Agrippine, les Champs Elisées, & l'endroit où les Anciens plaçoient leurs Urnes.

A seize milles au deçà de Naples je passai par Capoüe, où je doute fort que l'Armée d'Hannibal se corrompît encore par ses delices, si elle pouvoit y retourner en quartier d'hiver; car à present cette Ville a perdu tout l'éclat de sa grandeur.

A Carillanne, à vingt-quatre milles de Capoüe, il y a les restes d'un Palais de Charles d'Anjou, & prés de-là les vestiges d'un Amphiteatre.

Dans Terracine, premiere Ville des Etats du Pape, du côté

de Naples, on remarque encore trois Colomnes d'un Temple dedié à Apollon, dans lequel on a bâti l'Eglise Cathedrale de cette Ville; ces Colomnes font placées fur un pied d'eftal; elles font les plus groffes que j'aïe jamais vûës & du plus beau marbre du monde.

Enfuite je vins à Rome où je vis tout ce que les Etrangers peuvent voir, & j'en partis charmé des grandeurs & des bontez du Pape Innocent XII.

De Rome j'allai à Florence, où la Cour du Tofcane me parut par fa magnificence proportionnée aux richeffes de ce Prince.

De Florence je paffai par Bologne & par Ferrare, qui font deux grandes & belles Villes de l'Etat du Pape.

De Ferrare je revins à Venise, où je retrouvai Marianne : On peut aisément s'imaginer si nôtre entrevûë fut tendre depuis une si longue absence; on n'a jamais eu des mouvemens si doux, que tous ceux que nous ressentimes en nous voïant, aprés avoir couru tant de perils.

Pendant la derniere campagne que je fis en Morée, mes Tentes se trouverent assez voisines de celles d'un Colonel de Dragons entre Argos & Corinthe : ce Colonel étoit marié, & sa femme étoit avec lui, car les Officiers Italiens suivent assez en cela la maxime des Allemans, quoique par un different principe : Nous restâmes quelque tems dans ce Camp, & j'eus occasion de voir souvent & l'Epoux & l'Epouse : Ils aimoient le jeu l'un & l'autre;

tre ; & comme cette paſſion m'occupe aſſez agreablement, nous fîmes enſemble pluſieurs parties ; la Dame étoit jeune & belle; j'eus quelque empreſſe-ment pour elle,& le peu de mé-rite de ſon mari°l'engagea de m'écouter; nôtre commerce du-ra quelques mois,mais la fin de la Campagne nous ſepara ; le Colonel & ſa femme retourne-rent à Veniſe par Mer , & je pris la route de terre: J'allai les chercher en arrivant à Veniſe ; La Dame me vit en apparence avec les mêmes yeux , mais elle me dit, que ſon Epoux ne vou-loit point qu'elle reçût de viſi-tes , & qu'il prétendoit corriger les abus de l'Armée , pour re-prendre l'uſage d'Italie : Elle m'aſſura cependant , que ce changement n'altereroit point

nôtre amitié ; qu'elle avoit
une Tante, Abbesse du Couvent de l'Humilité, & que dans
son Parloir nous pourrions nous
voir tous les jours, & prendre de
justes mesures pour la continua-
tion de nôtre commerce : Ce
moïen ne me surprit point ; car
je savois depuis long-tems, que
les Femmes Italiennes n'ont pas
de plus fideles Confidentes que
leurs proches parentes : Celle-
ci prévint sa Tante, qui favori-
sa sans répugnance le cours de
nôtre intrigue. La Colonelle
m'avoit un jour donné rendez-
vous dans ce Couvent pour les
deux heures aprés midi ; je m'y
rendis ponctuellement, & je l'at-
tendis jusqu'à quatre, sans avoir
de ses nouvelles: Je crus de bonne foi, que quelque obstacle im-
prevû l'avoit retenuë chez elle:

Je fortis du Parloir, & j'allai dans l'Ifle de la Zuéca, à trois cens pas de Venife, où plufieurs jardins forment une promenade affez agréable. J'y étois affis dans un cabinet d'Orangers, & la Mer étoit ce jour-là dans un calme profond ; lorfque j'apperçus deux Gondoles affez prés de moi ; l'une étoit vuide, & l'autre remplie de la Colonelle avec un Noble Venitien, qui s'entretenoient enfemble par un doux empreffement; Je fortis de ma folitude, & je rentrai dans ma Gondole, que je fis foigneufement fermer, pour obferver leur conduite fans être découvert : Lorfqu'ils furent dans le grand Canal, le Noble Venitien fortit de la Barque de la Dame, rentra dans la fienne, & prit une autre route ; ma

Maitreſſe, ou plûtôt celle du Noble s'en alla directement au Couvent de l'Humilité : je la ſuivis de prés pour lui reprocher ſon infidelité, & dans le tems qu'elle prit terre, je voulus monter auſſi ſur le Quai, mais je gliſlai d'un pied, & je tombai dans la Mer, je m'enfonçai d'abord par la peſanteur de mes habits, & je flotai quelque tems entre deux eaux, ſans pouvoir regagner le deſſus; mais enfin je fis un effort à la nage, & j'arrivai juſques au bord. La Dame qui avoit vû ma chute, fut auſſi preſente à tout le ſpectacle ; elle me vit ſortir dans cet équipage, bien moins touchée de mon accident, que de la connoiſſance que j'avois de ſa perfidie. On peut comprendre que dans l'état où j'étois, je la quit-

rai bien-tôt : Je me retirai chez
moi, & le froid que j'avois
souffert dans cette avanture,
me causa la fiévre pendant quelques jours. La Dame m'envoïa
visiter par une femme-de chambre que j'avois mise autrefois
dans mes interêts, à la faveur
de quelques Ducats : Je lui fis
mes plaintes, & je sçus par son
propre aveu, que sa Maitresse recevoit tous les jours des visites ;
que le Noble que j'avois vû dans
sa Gondole, lui en rendoit de
tres-frequentes, & qu'ils étoient
parfaitement unis : Je n'en pouvois même plus douter, mes
yeux avoient été les témoins de
son crime : car lorsqu'une Femme en Italie reçoit dans sa Barque ou dans son Carosse un
homme tête à tête, elle est entierement deshonorée ; Je n'eus

pas de peine à connoître que celle-ci avoit prétexté la mauvaise humeur de son Mari pour me cacher son commerce avec mon Rival. Lorsque je fus remis, elle me marqua plusieurs rendez-vous, où je ne me trouvai jamais, & je ne voulus seulement pas entrer en éclaircissement par mes Lettres. Je suis persuadé, qu'elle s'en consola bien-tôt avec son nouvel Amant, pour moi j'en fus encore moins touché; Je n'aimois véritablement que Marianne, elle seule me tenoit lieu de toutes choses, & je me faisois du reste un simple amusement; mais mes affaires m'appellerent en France, & je me vis dans la necessité de la quitter encore. Si l'on a bien aimé, on peut s'imaginer tout ce que nous souffrimes dans ce dernier adieu ; Il n'y eut jamais de separation éternelle, si cruelle ni si douloureuse que la nôtre.

Avant que de quitter l'Italie, je veux donner ici un petit recit des plaisirs que goûtent les Italiens dans leurs principaux Spectacles: Leurs Comedies presentent sans doute une belle idée aux François, qui n'ont vû que le Theatre de Paris ; Je parle de ceux qui ne jugent pas de ces Ouvrages avec une severe delicatesse, & qui se laissent agréablement surprendre par les fausses apparences des discours d'amours affectez & des boufonneries extravagantes; Car pour les gens de bon goût, je suis persuadé qu'ils ne sont guéres sensibles à tous les personnages de ces Imitateurs

des Mimes & des Pantomimes
des Anciens. Je dis donc que
ceux mêmes qui font les plus
bornez dans leurs lumieres, trouveroient bien du ridicule dans
la Comedie Italienne fur fon
Theatre naturel: Les Italiens font
inimitables dans les grimaces,
les poftures, les mouvemens,
l'agilité, la foupleffe, & dans
la difpofition pour les changemens d'un vifage, qui fe dé-
monte comme il leur plait;
mais la compofition de leurs
piéces eft fade & languiffante,
& toute remplie d'obfcenitez
groffieres & d'ordures fans en-
veloppe, qui faliffant l'imagi-
nation, ne lui laiffent pas la liberté d'un honnête équivoque.

Les Opera d'Italie ne rem-
pliffent pas toujours la curiofité
des Etrangers, parce qu'ils ar-

rivent trop tard pour en prendre le goût : il y a de certaines
impreſſions qu'il faut ſucer avec
le lait, & les ſens contractent
rarement une habitude avec les
objets qui ne leur ſont pas na-
turels ; je conviens même avec
de Saint-Evremont, que le re-
citatif des Italiens eſt difficile à
définir, & que cet uſage eſt une
eſpece de modulation, qui con-
fond trop les charmes du chant
avec la force de la parole ; Cependant il eſt bien plus tolera-
ble que la ſuite continuelle de
nôtre Muſique, où l'on deli-
bere en chantant dans un Con-
ſeil, & où on exprime en chantant, les ordres que donne un
Maitre à ſon valet. Bien des
gens ſe trompent dans le jugement avantageux qu'ils font de
la compoſition des Opera Ita-

liens : Il y en a veritablement d'assez justes ; mais on en remarque d'autres aussi empoulez, qu'éloignez de la vrai-semblance : J'en vis representer un dans la Ville de Naples, que la plupart des gens admiroient sans le connoitre ; il avoit pour titre *La chaste Penelope*, à laquelle Ulysse, pour éprouver sa constance, faisoit porter la fausse nouvelle de sa mort ; & comme les Loix du Roïaume d'Ytaque ne souffroient pas d'Interregne, les Etats pressoient Penelope de donner un successeur à son Epoux ; Plusieurs Princes de sa Cour se presentoient pour porter le Sceptre : Penelope, sans déterminer son choix, promettoit à tous sa main & sa Couronne, & parloit à un chacun en particulier avec toute la liberté d'une honnête Courtisanne ; Cette antithese me parut aussi ridicule par rapport du personnage de Penelope, au titre de la Piéce, que par l'idée qu'Ovide nous donne de l'amour inviolable de cette fidelle Princesse pour Ulysse.

Les Italiens pechent par un endroit où les François brillent sur le Théatre : Ils ne dansent point, ou, pour mieux dire, ils dansent si mal, qu'ils ennuïent & rebutent toujours les Spectateurs ; mais aussi il faut leur rendre justice, & s'ils ne sont pas propres comme nous, à cent musiques differentes, ils conservent dans les leurs particulieres une juste œconomie de voix & d'instrumens, & pour la maniere de chanter, que nous appellons en France *Execution*,

je crois qu'ils nous peuvent la
disputer avec avantage. Cet Auteur qui a avancé, que * *de tous
les Peuples il n'y a que le François qui chante* , pourroit bien
se tromper: Je n'ai pas de foi aux
Proverbes ; & quoique celui-ci
m'ait semblé veritable dans le
commencement , je l'ai trouvé
faux dans la suite ; les frédons
des Italiens , leur roulemens de
voix & leur facilité du gosier ,
imitent bien moins , quoique
l'on dise , le ramage des Rossi-
gnols , qu'ils ne charment les
sens qui sont accoutumez à les
entendre ; l'oreille n'est pas seulement satisfaite , les yeux sont
agréablement occupez par le
corps & par les embellissemens
des Theatres : Ceux de Venise,
de Naples , & de Rome sont
chargez de machines inimita-

* Solus Gallus cantat.

bles ; on ne sauroit se faire une idée assez vaste de la magnificence de leurs décorations ; & si au lieu d'Eunuques qui joüent le rôle des Femmes sur le Theatre de Rome, on y pouvoit introduire de veritables Femmes, je soûtiens que ce seroit le plus beau & le plus riche spectacle du monde.

Lorsque je partis de Venise pour retourner en France, je suivis la même route que j'avois déja faite de Padoüe jusques à Bergame ; je passai par Vicence, où j'achetai un tres-beau Cheval ; un Marchand Drapier, nommé *Bonelli*, me le vendit, & je le pris sur sa bonne foi, sans autre précaution ; cependant, à deux lieuës en deçà de Vicence, mon Cheval boita des quatre pieds, &

j'eus bien de la peine à le conduire en trois jours jusqu'à Veronne, quoiqu'il n'y eût que trente milles de distance. Dés qu'il
fut arrivé, la litiere fut sa ressource, il resta couché pendant
vingt-quatre heures, sans pouvoir se lever ; je le fis déferrer,
mais l'on n'y trouva ni blessures
ni encloueure ; j'en cherchois
quelqu'autre pour le remplacer,
lorsqu'un Marchand de soïe
m'en offrit un qui me parut assez bon ; je lui proposai s'il vouloit le troquer avec ma rosse; il
me dit naturellement que le cheval n'étoit pas à lui, & que comme il y a toutes les semaines dans
Veronne un Marché aux Chevaux, un Marchand de Vicence lui avoit envoïé celui-ci pour
s'en défaire ; que cependant il
l'en laissoit le maitre , & qu'il

confentoit au troc: Je penfai d'a-
bord à mon fripon, & j'eus la curiofité de favoir le nom de ce
Marchand de Vicence; Il me dit,
qu'il s'appelloit *Bonelli*. J'avoüe
que je fus charmé de l'avanture,
& je me relâchai beaucoup du
prix, pour avoir le plaifir de
tromper mon Trompeur; Le
Marchand de foïe vit mon
cheval, & le trouva beau, j'a-
vois païé graffement le Maréchal qui l'avoit vifité pour fou-
tenir mes interêts; il s'en acqui-
ta dignement, car de même
que ce grand homme fec qui
jure quand j'en ai befoin, il
protefta avec effronterie, que le
cheval étoit encloüé, & nous
reftâmes d'accord du troc; Le
Marchand de foïe pour mon
cheval me donna trente piftoles
de retour avec le fien, qui fe

trouva tres-bon par les services qu'il me rendit. Je partis bien-vîte, comme l'on peut croire; mais j'écrivis auparavant à un de mes amis de Vicence, pour savoir avec quelle contenance l'illustre Bonelli recevroit son cheval. Il me manda, que le Marchand de soïe l'avoit trouvé si beau, & croïoit avoir fait une si bonne affaire, qu'il l'avoit mené lui-même à Vicence, & que lorsque Bonelli revit sa Rosse dans son écurie, & qu'il devoit encore donner trente pistoles, il vouloit pendre & son cheval & son ami.

De Bergame j'entrai dans la Valteline, dans les Grisons, & dans les autres Païs des Suisses, & pendant un mois que je voïageai presque toujours dans les Montagnes, je passai dans la
plûpart

plûpart de ces Cantons: J'y vis
d'assez beaux précipices , mais
en revanche il y a de fort jo-
lies Villes , comme Coire, Lu-
cerne , Soleure , Zurich, Ber-
ne, & quelques autres : Il y auroit même dans ces deserts des
païs assez agreables , s'ils étoient
habitez par des hommes plus
polis. On n'ignore pas la nature de leur Gouvernement , je
joindrai seulement à ce que l'on
en peut savoir , que les Suisses
sont fideles observateurs de leurs
Loix : ils pratiquent exactement
leur Religion, & sont aussi justes dans le Civil , que seve-
res dans le Criminel ; bien
differens en ceci des Nobles
Venitiens , auprés de qui la
faveur l'emporte toujours sur le
Droit, & qui ne punissent guéres d'autres crimes , que celui

d'Etat : Le poison , l'affaffinat,
& toutes fortes de meurtres,
trouvent chez eux de l'indulgence par rapport à leur interêt.

Sortant du Païs des Suiffes ,
je paffai dans la Principauté de
Porentruy , dont le Souverain
eft Prince Spirituel & Tempo-
rel. Je logeai dans fa Ville Capitale du même nom , & mon
Hôte me dit que j'irois coucher
le lendemain à Montbéliard,
& qu'il me confeilloit d'aller à
la Croix-Blanche ; parce que ce
logis étoit le meilleur, & que
la Fille de l'Hôteffe étoit jolie
& peu cruelle : il m'apprit de
plus qu'elle fe nommoit *Fanchon*, & que fans être mariée,
elle avoit déja fait quatre enfans , un garçon & trois filles.
J'étois trop fatigué par la lon-

gueur de mon voïage, pour penser seulement à profiter de cette occasion, mais je choisis ce gîte pour mon repos. Le jour que j'arrivai à Montbeliard, je portois un habit à la Grecque, & lorsque je me fus reposé dans ma Chambre, je descendis à la Cuisine dans le même équipage ; je trouvai la Maitresse du logis avec sa Fille, & un de mes Valets à qui je dis quelque chose en Italien : L'Hôtesse me demanda quelle Langue je parlois ; & comme je savois bien qu'elle ne l'entendoit point, je lui répondis que c'étoit la langue de mon païs, & que j'étois Grec : Elle me dit fort naturellement, que les gens de ma nation étoient tous sorciers ; Je lui avoüai d'un air ingenu, que nous faisions profession de l'Art Magique : Elle nous quitta dans ce moment, & me laissa seul avec sa Fille : D'abord je l'appellai *Fanchon*, & je lui demandai où étoit son Mari ? Elle me répondit que quant à son nom, ma Magie étoit bonne, mais que pour le reste j'étois un mauvais Devin, & qu'elle n'étoit point mariée : Je feignis pourtant de croire le contraire, & je pris une de ses mains sous prétexte de vouloir éclaircir cette difficulté : Je parus d'abord surpris en la voïant, & je ne manquai pas de lui dire, qu'elle étoit traversée par plusieurs lignes de mauvais présages, & que par la connoissance que j'avois de la Clavicule de Salomon, elle étoit menacée d'un grand malheur. Je tirai un petit compas que je portois dans ma poche, avec quelques figures de Geométrie, où je m'amusois pendant mon voïage, & je fis semblant par plusieurs mesures differentes, de chercher quelque éclaircissement à mes doutes, & aprés avoir encore examiné la main & le visage de Fanchon, je lui dis que je ne pouvois point connoitre si elle étoit veritablement mariée, mais que si elle ne l'étoit pas, elle le seroit dans peu de tems, puisqu'à l'age de vingt-huit ans elle devoit avoir six enfans. Elle se prit à rire, & me répondit, que ma science étoit fausse, puisqu'elle étoit dans sa vingt-cinquiéme année. S'il est vrai, *lui dis-je*, que vous aïez cet age, je plains vôtre sort, car vous avez donc déja quatre enfans, c'est-à-dire, un garçon & trois filles, & dans trois ans vous

en ferez deux autres. A cette
réponse elle fit un cri, & s'en
alla trouver sa mere, à laquelle
elle raconta toute nôtre conversation. Elles crurent que j'é-
tois pour le moins un demi-Dé-
mon, & me prierent de sortir
de leur maison. Je connus alors
la mauvaise consequence de
mon jeu par rapport à l'incommodité de changer de logis, &
je voulus leur dire naturellement
les memoires que l'on m'avoit
donnez dans Porentruy. Tous
mes desaveux furent inutiles,
il n'y eut pas moïen de les dé-
tromper : il falut faire rechar-
ger mes hardes, & m'en aller à
l'heure même dans une autre
Hôtellerie. Je leur presentai de
l'argent pour se païer de quelque dépense, que mes Valets &
mes Chevaux avoient faite, el-

les le refuserent, & je crois qu'-
elles en auroient plûtôt pris des
mains de Belial ou d'Astarot,
que des miennes.

De Montbeliard j'entrai en
France par la Franche-Comté &
par la Champagne, & aprés avoir
fait depuis mon départ de la Morée quatre cens cinquante milles
par Mer, & seize cens milles par
terre j'arrivai enfin à Paris.

A la reserve du Roïaume de
Naples, je ne particularise point
ce que j'ai remarqué dans le reste de l'Italie, non plus que dans
les autres Païs par où j'ai passé;
Ils sont la plupart si voisins dans
nôtre Continent , que tout le
monde les connoit mieux que
moi; mon principal dessein étoit
seulement d'informer le Public
de ce que j'ai vû dans mon Voïage du Levant; Je l'ai fait natu-

rellement ſans commenter mon
Ouvrage, car ce caractere ne ſeroit pas moins oppoſé à la me-
diocrité de mon genie, qu'il ſeroit contraire à la profeſſion que
je fais dans le monde. J'expoſe
ici la verité toute nuë, & ſi je
n'ai pas vû tout ce que j'écris,
du moins j'écris ce que je crois
avoir vû.

F I N.

DISSERTATION

SUR

LA BIZARRERIE

DES OPINIONS

DES HOMMES.

TOUT ce que l'A-
mour & l'Ambition
ont produit d'actions
extraordinaires, nous doit faire réfléchir fur le pouvoir de la
prévention. Un jeune Héros
qui vit fous l'empire des Dames, eft perfuadé que le fou-
verain bien eft de mériter l'efti-
me de la Perfonne qu'il aime,

N

& celle du Public, & ne songe pas qu'il faut vivre pour en joüir, & que, comme a dit Voiture, *c'eſt fort peu de choſe qu'un Demi-dieu aprés ſa mort.* Il eſt certain, qu'on ne ſauroit aſſez admirer la tyrannie que l'Opinion exerce ſur tous les hommes ; Je ferois volontiers le ſouhait qu'a fait M. Paſchal, de rencontrer un Livre qu'il cite, dont le titre eſt, *Opinione, regina del mondo*, autrement, *l'Opinion, Reine du monde*; Ce ſeul titre vaut, *dit-il*, un volume : Un homme d'eſprit peut aſſurément avoir fait de beaux raiſonnemens ſur cette matiere ; car il eſt vrai que nous ſommes bien gouvernez par l'Opinion, & plus particulierement par celle que nous ayons de la Bravoure ;

Un homme qui se pique d'être brave, regarde tous les autres hommes avec mépris: S'il ajoûte à cette vanité celle de la Noblesse, il court risque d'aller au comble de l'impertinence; mais ce Brave qui veut persuader, qu'il n'a jamais connu la peur, s'il avoit de la bonne foi, demeureroit d'accord qu'il ne s'est trouvé en aucune occasion de Guerre, qu'il n'ait en ce moment souhaité d'être ailleurs. A l'égard de la Noblesse dont il est si vain, à qui en a-t-il l'obligation ? Est-ce à sa vertu ? Est-ce au mérite de ses Aïeux? Non. Il la doit à l'un d'entr'eux, qui a peut-être acquis cette Noblesse dont il fait tant de cas, par une intrigue, par un peu d'argent donné dans les besoins de l'Etat, par une Char-

ge achetée ; Mais fuppofons
que c'eſt par des actions de
grande valeur , utiles à la République , comment l'honneur
de ces actions peut-il tomber ſur
ſa poſterité , ſi elle n'en fait
point de pareilles ? Cet homme,
me dira-t-on , eſt d'un ſang il-
luſtre, qui a de tems en tems
produit des Heros : A quoi je
répons, que la Vertu des Heros eſt perſonnelle; qu'il eſt ju-
ſte de la reſpecter , parce qu'elle ſoûtient les Droits du Souverain & du Public; mais peut-
on dire que cette Vertu ſoit
dans le ſang ? Si cela étoit , les
Familles des Heros ne produi-
roient jamais autre choſe , &
on n'en verroit jamais le cours
interrompu , à moins qu'il ne le
fût par quelque mere moins fa-
rouche que *Lucrece*. Si ce mal-

heur-là étoit arrivé une fois, ce
seroit pour toûjours, & il ne
pourroit jamais être reparé :
Quant à la Valeur, je veux bien
demeurer d'accord de la respec-
ter, pourvû qu'elle soit continuellement occupée contre les
Ennemis de l'Etat, & que les
Braves ne s'en servent jamais
contre des hommes de même
Loi, de même Langue, & qui
obéissent au même Souverain
qu'eux ; car cette vertu, qu'on
doit tant estimer quand elle est
emploïée à son veritable usage,
est-elle autre chose, que le vice des Tygres & des Lions,
quand elle trouble la douceur
de la societé ? Comment donc
peut-on avoir quelque estime
pour un Fanfaron, qui fait toûjours les grimaces d'un brave,
pour imposer dans les socie-

tez, & qui ne parle jamais, pour
ainſi dire, qu'à cheval, même
chez les Dames, qui ſont quelquefois aſſez duppes pour en
être charmées ; & les hommes,
qui ſe parent toûjours de leur
grande qualité, ſont-ils plus
ſociables ? Ils ſont enflez de leur
orgüeil, & ne regardent tous
ceux qu'ils rencontrent dans le
monde, que comme de petits
Gentilshommes ou des Bourgeois. Je me ſouviens d'avoir
quelquefois vû de ces évaporez,
qui reprochoient à des gens
plus ſages qu'eux, qu'on ne les
voïoit qu'avec des Bourgeois ;
& ces prétendus Bourgeois rem-
pliſſoient des Emplois conſide-
rables avec reputation, & leurs
Aïeux en avoient toûjours eu de
grands dans la Robe & dans
Épée : Ce n'eſt pas que je mé-

prife la Nobleſſe, ni la Valeur
j'en ſuis bien éloigné, une lon
gue ſuite d'hommes toûjour
vertueux ſans interruption,
quand elle ſe rencontre, fon
de une Nobleſſe fort eſtimable,
& la Valeur eſt trop neceſſaire
au Public, pour ne devoir pas
être conſiderée ; mais je demande qu'elle ne ſoit emploïée qu'à
la Guerre, car par-tout ailleurs
c'eſt le fleau des hommes ; &
à quoi feroit-elle bonne dans un
Etat bien policé, où les Loix
ont pourvû à la punition des
offenſes ? Il eſt cependant difficile de concilier les Opinions
des hommes ſur cette matiére,
car ſi par malheur on eſt offen-
ſé, l'on eſt deshonoré, à moins
qu'on ne coure à la vengeance;
& n'y a-t-il pas de punition à
craindre, ſi l'on veut conſervei

neur par les voïes de fait ; ce qui devroit avoir rendu les hommes incapables de s'offenser les uns les autres : Une opinion raisonnable ne seroit-ce pas que celui qui offenseroit, fût deshonoré & banni de la societé des hommes, & qu'on ne considerât dans le monde que ceux qui eussent la sagesse de ne parler qu'avec douceur & avec des égards ; & ne seroit-il pas juste de punir irremissiblement ceux qui y manqueroient, surtout chez les Dames, qui n'ont pas d'autres armes pour repousser les injures d'un homme feroce, qu'un busque ou un éventail ? Mais quel moïen de guerir les hommes des Opinions qu'ils ont sur la Bravoure, quoiqu'il y en ait de risibles ; par exemple, un homme qui baisseroit la tête pour éviter un boulet de canon, ne seroit-il pas regardé avec mépris, & celui qui paſſeroit dans une ruë où il tomberoit des pierres de tous les côtez, ne seroit-il pas crû fol? Conciliez cela.

La moitié du monde eſt infectée par des Opinions bien plus extravagantes: Peut-on lire l'*Alcoran*, ſans regarder avec compaſſion les hommes qui y ajoûtent foi? Nous ne pouvons ſur cette matiere que plaindre les hommes, nos ſemblables, qui n'ont pas les lumieres que nous avons, & prier pour la converſion de ceux qui, les aïant, en font un mauvais uſage; mais nous pouvons du moins faire des reflexions ſur lesOpinions bizarres de ceux, qui ſans être appellez au Miniſtere,

sont occupez depuis le matin
jusqu'au soir, à reformer le gouvernement de tous les Etats : Ils
croïent être en droit de faire le
procés aux Ministres, aux Generaux d'armée & aux Souverains
mêmes sur les moindres évenemens : Impitoïables Juges des
matiéres, dont ils n'ont pas la
moindre connoissance, ils decident sur les resolutions qui
sortent des Cabinets des Rois,
sur la Paix, sur la Guerre, &
croïent avoir assez de lumiéres
pour pénétrer dans les motifs
de l'un & de l'autre : Les Souverains, leurs Ministres, & leurs
Generaux sont continuellement
en butte à tous les traits de ces
prétendus Politiques, qui jugeant
souverainement de leurs entreprises, en prétendent connoître les raisons, & prévoir les éve-

nemens ; & si on leur demande sur quoi ils fondent leurs dé- cisions , on trouve qu'ils ne connoissent ni le Païs où la Guerre se fait, ni le droit qu'on a de la faire ; ils ignorent la situation des Places qu'on atta- que , leurs fortifications , les Troupes qui les défendent ; ils n'ont pas même la moindre no- tion de la maniere qu'on atta- que ou qu'on défend une Pla- ce , & ils ne laissent pas malgré cela de décider souverainement, qu'on a fait des fautes : On a, *disent-ils* , attaqué la Place par l'endroit le plus fort , parce qu'on l'avoit mal reconnuë ; ils se plaignent uue autre fois, qu'on a laissé échapper un En- nemi qu'on pouvoit défaire, sans avoir consideré comment on pouvoit aller à lui, s'il n'é-

toit pas dans un Camp inaccef-
fible , couvert d'un ruifleau
qu'on ne pouvoit paſſer que ſur
des ponts ; ſi on ne pouvoit l'aller attaquer que par des défi-
lez , & il eſt abſolument im-
praticable de marcher ſur co-
lonne à un Ennemi qui eſt en
bataille ; Ils ne ſavent rien de
tout cela , & ils ont cependant
la temerité de dire , que les
Armées étoient en preſence, &
que l'Ennemi ne pouvoit re-
ſiſter , ſi on eût oſé l'attaquer :
Ils blâment continuellement les
Generaux , qui ſont chargez
des affaires , & regrettent les
morts qu'ils ont blâmez de la
même maniére pendant leur vie.
Il faut n'être plus pour ſe re-
concilier avec des Cenſeurs ſi
injuſtes , & de qui l'ignorance
eſt au point que je les ai vû trai-

ter d'écolier , un fameux General , parce que son ordre de
bataille étoit connu des Ennemis , qui avoient, *disoient-ils* ,
pris des mesures là-dessus. Tous
ceux qui ont vû des Armées,
savent que rien n'est si public
qu'un Ordre de bataille , qu'on
change quelquefois sur le
champ , selon les differens ter-
rains qu'on trouve en marchant,
& selon les mouvemens des Ennemis; cependant vingt hommes
assemblez étoient en grande
rumeur pour cette prétenduë
faute : je crûs que quelque éve-
nement considerable, que je ne
savois pas encore , causoit leur
agitation , & m'étant approché
pour l'apprendre, je fus bien surpris de voir qu'il ne s'agissoit que
d'un ordre de bataille connû
des Ennemis , & plus surpris

encore d'entendre decider que
c'étoit le secret du General,
dont il ne devoit jamais . donner la connoiſſance à perſonne.
De qui croïez - vous que cette aſſemblée étoit compoſée?
D'hommes de toutes les condi-
tions , de gens d'Epée , de gens
de Robe , de Docteurs , de Phi-
loſophes. N'y a-t-il pas dequoi
s'étonner que des hommes qui
ont de l'eſprit , en manquent
en ces occaſions , en ce qu'ils
parlent de matieres qu'on ne ſait
que par l'experience : Il y a
même des hommes qui ont
vieilli dans les Armées , de qui
les connoiſſances ſont fort bornées ; l'art de faire la Guerre
demande une grande application, & il faut outre cela , pour
le bien apprendre , un bon eſprit & beaucoup de curioſité ;

il faut être toûjours à cheval
suivre volontiers les Generaux
écouter leurs raisonnemens, &
faire des reflexions , pour s'in
struire d'un métier si difficile
Il est sûr qu'il y a même dans
les Armées beaucoup d'hommes nonchalans , qui faisant
simplement leur devoir dans
l'emploi où ils se trouvent, ne
peuvent devenir fort habiles ;
A plus forte raison ceux qui
n'ont jamais vû d'Armée , ne
le peuvent-ils pas être sur une
matiere qui est même si difficile pour ceux qui en ont la pratique : Une des maximes de ces
prétendus Politiques , est de
donner continuellement des batailles ; Aussi prodigues du sang
d'autrui , qu'ils sont peut-être
nénagers du leur, ils voudroient
qu'on se battît tous les jours :

on a beau leur dire , qu'une bataille est une affaire si sérieuse,
qu'on ne l'hasarde jamais sans
de grandes raisons ; ils ne
croïent pas qu'on puisse acque-
rir de la gloire, si l'on ne donne des coups d'épée ; faire con-
sommer les Ennemis par la suite des tems , manger toûjours
leur Païs , leur enlever des
Places de tems en tems , tout
cela ne les contente pas ; ils
voudroient qu'on se donnât
tous les jours des assignations,
dans les plaines , pour terminer les querelles des Souverains,
comme celles des particuliers ;
ils n'estiment pas beaucoup la
réponse que fit ce fameux Duc
de Parme à Henry Quatre, qui
lui avoit envoïé offrir la bataille , *l'étois venu* , dit-il , *pour dé-*
gager Paris ; *ce que j'ai executé* ;

& je m'en retourne où mes autres affaires m'appellent : A l'é-
gard du défi que le Roi me fait,
dites-lui que je trouve qu'il me
fait beaucoup d'honneur ; mais
que j'ai appris à ne point combattre pour faire plaisir à mes Ennemis, qui peuvent avoir des raisons de le souhaiter, & que c'est
à eux à m'y forcer, s'ils le peuvent, & s'ils croient avoir interêt de le faire. Cette réponse
réputée si sage n'est pas de leur
goût ; refuser le combat, c'est
selon eux, manquer de courage ; il faudroit, pour les contenter, tous les jours une bataille, ou voler de conquête en
conquête ; ils jugent qu'avec
de grandes Armées on peut
tout entreprendre, sans vouloir
faire reflexion, qu'il est presque
impossible d'enlever des Places

à des Ennemis, qui ne sont
guéres inferieurs en nombre;
mais, *disent-ils*, ne peut-on
pas donner la paix à quelques-
uns, comme on l'a déja fait?
C'est bien raisonner, de croire
que des Alliés, qui s'imaginent
avoir un interêt commun, se
desunissent, s'ils peuvent encore agir ensemble : ils se desuni-
ront peut-être, mais il faut
prendre patience, & quand nos
Politiques verront cet évene-
ment-là, ne demeureront-ils
pas d'accord, que le Souverain
qui a le profit de la Guerre,
en a tout l'honneur ; mais ils
ne font pas des reflexions si
profondes ; ils veulent suivre
les impetueux mouvemens de
leur genie, qui les portent toûjours aux extremitez : S'ils entendent parler de paix, ils con-

eluënt , qu'on la defire. avec
tant de paffion, qu'on offre les
meilleures Places , & des con-
ditions que les Ennemis n'oferoient
roient efperer : Un Souverain
couvert de gloire par fa conduite paffée , qui a mis des barrieres invincibles à des Ennemis,
qui n'ont jamais perdu d'occafion de s'efforcer de ruïner fon
Roïaume par les intrigues &
par les armes, veut renoncer en
un jour, *difent-ils* , au fruit de
tous fes travaux ; n'eft-ce pas
une grande cruauté qu'il n'y ait
rien à couvert de leurs deci-
fions? Sans intelligence des motifs de la Paix & de la Guerre,ils
ordonnent l'une & l'autre d'autorité abfoluë ; les plus fages
Rois du monde ne feroient-ils
pas à plaindre , s'ils ne mépri-
foient des Juges fi peu fenfez,

& s'ils ne trouvoient des hommes d'un autre ordre, plus justes & plus éclairez, qui regardent, avec admiration, une conduite toûjours sage, une application infinie aux affaires, & une intelligence superieure à toutes les autres, dont on ne peut parler qu'avec respect. Il est constant qu'il n'est pas possible d'avoir quelque connoissance de ce qui s'est passé dans le monde, & ne vouloir pas demeurer d'accord, que jamais tant d'Ennemis n'ont conspiré si inutilement que de nôtre tems. Ils couvrent la Mer de leurs Vaisseaux, sans avoir mis pied à terre en aucun endroit du Roïaume, quoiqu'il y ait depuis Dunkerque jusqu'à Bayonne, ou le long de la Côte de Provence & de Languedoc.

mille endroits où pouvoir décendre; Ce qui devroit convier
les Provinces maritimes à faire
retentir l'air des loüanges d'un
Maître , qui par ses soins & sa
puissance les fait joüir de leur
bien en tranquillité, quoiqu'ils
voïent   continuellement   des
Vaisseaux le long de leurs Côtes, qui les menacent , sans leur
avoir encore pû faire aucun mal,
que de leur brûler quelques
maisons par les bombes , qui
ont coûté cent fois plus cher ,
qu'elles n'ont fait de domma-
ge; & les Provinces qui sont
frontieres du côté de la Flandre & de l'Allemagne , ou de
Catalogne , ont-elles plus sujet
de se plaindre de la Guerre que
les maritimes? Ne s'enrichissent-
elles pas par le debit de leurs
denrées , qu'elles envoïent à

nos Armées, où on les conduit avec de si bonnes escortes, qu'elles y arrivent toûjours en sureté; & quand nos Troupes qui mangent le Païs ennemi pendant six mois, passent & repassent dans les Provinces, leurs Habitans en reçoivent-ils quelque déplaisir? S'ils se pouvoient souvenir des maux qu'on recevoit du passage d'un Regiment, il y a cinquante ans, ne souhaiteroient-ils pas des benedictions à celui qui fait vivre les Gens-de-Guerre chez eux avec tant de discipline, que le Soldat a plus souvent sujet de se plaindre que son Hôte : Je ne parle pas avec exageration, ni sans connoissance, j'ai vû ce que j'avance, & on voit tous les jours le Peuple plus difficile, que les Gens-de-Guerre, & le

Magistrat dans les contestations qui arrivent, moins prompt à y mettre ordre, que les Officiers des Troupes, qui ont plus d'autorité, & qui s'en servent mieux. Les exemples n'en sont pas rares, car les occasions de discorde entre le Soldat & l'Habitant sont communes : Les hommes sont difficilement contens les uns des autres, & le sont encore moins de ceux qui les gouvernent, quoiqu'ils leur conservent, par les bons ordres établis, leur bien & leur repos. Tel homme qui vend un cheval cent écus, qu'il vendroit à peine cent francs dans le tems de Paix, se plaint, si on lui demande un écu pour contribuer à soûtenir la grandeur de l'Etat; un autre qui, par l'institution des Fiefs qu'il possede,

seroit obligé de servir à la Guerre avec ses Vassaux à ses dépens, se plaint de la moindre
contribution, & reclame les
Privileges de la Noblesse, qui
ne furent jamais donnez qu'à
la charge que ceux, qui en seroient revêtus, seroient toûjours prêts à courir, à leur dépens, aux endroits où les besoins de l'Etat les appelleroient;
& ils ne font pas reflexion qu'ils
vivent en repos chez eux, pendant que les Troupes que le
Roi entretient, remplissent leurs
Places: Il est vrai qu'ils ont leurs
enfans à la Guerre, mais n'y
sont-ils pas pour leurs propres
interêts ? N'ont-ils pas des emplois avec des appointemens,
des pensions, & mille autres
bienfaits que la main liberale
d'un bon si Maître répand dans
leurs

leurs familles, quand ils ont servi long-tems & avec application? Il faudroit plusieurs volumes, pour dépeindre toutes les injustes préventions des hommes contre ceux qui les gouvernent.

Les Princes, comme hommes, peuvent aussi se laisser prévenir, & les suites en ont quelquefois été funestes. Je ne sai si l'Histoire de nôtre Nation nous en peut fournir des exemples, nous en sommes du moins fort assurément à couvert dans nôtre siécle, mais l'Antiquité nous en offre un bien triste ; c'est d'*Aristobule*, Roi de Judée, qui se laissa prévenir par des Ministres mal - intentionnez contre *Antiochus*, son frere, qu'il aimoit tendrement, & qui venoit de le servir glo-

rieusement dans une occasion
où il avoit eu le commandement
de ses Armées , & où il avoit
tant acquis de reputation, qu'elle
fit craindre à ceux qui avoient
le plus de pouvoir à la Cour,
qu'elle ne fût propre à lui attirer la faveur & la confiance du
Roi , son frere. Cette appré-
hension leur fit songer à s'en défaire par la plus cruelle des
perfidies ; la facilité qu'ils savoient que le Roi avoit à se
laisser prévenir, leur donna la
hardiesse d'entreprendre de lui
rendre son frere suspect. Ce
jeune Prince satisfait de ce qu'il
venoit de faire , voulant gagner les applaudissemens du
Peuple, en rentrant dans la Ville, avoit pris ce jour-là des armes brillantes : Les Ministres,
qui avoient médité de le per-

dre, rapporterent cela au Roi; ils y ajoûterent même des circonstances qui mirent le Roi, qui étoit malade au lit, dans de grandes inquiétudes des desseins de son frere, & lui firent prendre le parti d'ordonner aux Officiers de ses Gardes, de faire tuer, sur un soupçon qui n'avoit aucun fondement, ce frere qui lui avoit toûjours été si cher, s'il entroit armé à la Cour.

Ce malheureux Antiochus ne songeoit en aucune maniere à se presenter devant le Roi son frere, en équipage de Guerre; mais les Ministres, pour accomplir la méchanceté qu'ils tramoient, lui firent entendre, que le Roi desiroit de le voir avec des armes, qu'on lui avoit dit si belles, & que ce seroit un adouciſſement à l'ennui que lui cauſoit ſa maladie, de voir ſon frere dans l'état auquel il venoit de triompher de ſes Ennemis ; ainſi ce Prince, en entrant armé à la Cour par obéïſſance, fut tué comme s'il y étoit entré avec un mauvais deſſein. Voilà une leçon pour les Hommes trop credules, qui doit leur faire examiner d'où leur viennent les avis, principalement ceux qu'on leur donne contre des perſonnes qu'aucune raiſon ne leur avoit rendu ſuſpectes auparavant, étant encore abſolument neceſſaire pour éviter de ſe laiſſer prévenir, d'examiner ſoigneuſement les motifs & les interêts que pourroient avoir les donneurs d'avis.

Ce funeſte exemple ſuffit pour

faire voir, qu'il n'eſt pas impoſſible que les Princes ne ſoient quelquefois ſujets à des préventions, quoi-qu'ils aïent de plus grands dons de la nature, que les hommes privez, & qu'on n'oublie rien pour leur former le jugement par les raiſonnemens & les exemples qu'on leur expoſe devant les yeux : Il n'eſt donc pas ſurprenant, ſi ceux qui ne ſont pas élevez avec les mêmes ſoins, tombent dans tant d'opinions extravagantes qui ont cours parmi les hommes.

N'eſt-ce pas une opinion bien injuſte, quoique generale, de croire que l'honneur d'un homme doive dépendre de la conduite de ſa femme ; qu'il faſſe ce qu'il voudra, peut-il éviter le ridicule, ſi elle a reſolu de lui en donner ? Celui qui eſt inquiet & qui ſe plaint, trouve-t-il quelque conſolation parmi ſes parens & ſes amis ? ce qui lui arrive, eſt de les réjouïr tous ; & peut-on croire, qu'une matiere qu'on ne traite jamais qu'en riant, ſoit ſerieuſe, dans les Tribunaux même les plus graves ? ſi quelqu'un eſt aſſez foû pour y porter ſa plainte, comment eſt-il écouté ? Ses Juges les plus compoſez ont beaucoup de peine à conſerver quelque gravité ; pour les Avocats qui ſe chargent de pareilles Cauſes, comment les traitent-ils ? N'en font-ils pas ordinairement une piéce comique, qu'ils ornent de tous les traits les plus plaiſans qu'ils peuvent, pour réjouïr l'Auditeur ; & en trouve-t-on quel-

qu'un qui penfe à exciter l;
compaffion des Juges, qui font
fouvent mal difpofez à vengei
les affronts que prétendent avoir
reçû ceux qui ont recours à
eux; Quel remede donc à un
pareil mal ? Eft-ce une grande
patience ? Ne fait-on pas le ridicule, qui en eft encore infe-
parable ? L'expedient dont s'eft
fervi un Cenfeur public de
l'Antiquité, étoit-il l'unique ?
Il traita l'Amant de fa femme
comme le meilleur de fes amis,
il le logea chez lui ; ce qui fit
taire quelques-uns qui avoient
parlé. Caton traita, *dit-on*, une
pareille affaire plus cavaliere-
ment ; fa femme ne lui étant
plus neceffaire, il apprit qu'un
de fes amis la defiroit paffion-
nément, & il jugea qu'il étoit rai-
fonnable de ceder à un autre

ce qu'il estimoit un grand bien,
& qui n'estoit plus que medio-
cre pour lui. Cette conduite ne
lui attira aucun ridicule ; mais
Cesar lui en voulut donner,
parce qu'il avoit repris cette
femme aprés la mort de celui à
qui il l'avoit cedée, disant qu'il
l'avoit reprise par avarice, parce qu'elle étoit devenuë riche,
& Caton s'excusoit, en disant
» que, toutes les heures de sa
» vie étant devoüées au service
» de la République, il avoit eu
» besoin de quelque personne,
» qui eût pris soin d'élever ses
» enfans, & qu'il n'en pouvoit
» trouver de plus affectionnée
» que leur mere ; Mais Cesar
lui-même ne fit-il rire personne ? car les Rieurs sur cette matiére n'épargnent pas plus les
Heros que les autres hommes.

Le plus fameux de tous aïant appris, qu'un jeune homme déguisé en fille, avoit passé plusieurs jours dans l'appartement de sa femme, & que le bruit s'en étoit malheureusement répandu dans Rome, dit qu'il ne croïoit pas ce qu'on disoit dans la Ville ; mais que la femme de Cesar ne devoit pas seulement être soupçonnée, & le remede qu'il y trouva fut le divorce, quoique la Loi lui eût permis ce qu'elle permet encore presentement ; voilà l'expedient dont se servit l'homme du monde le plus soigneux de sa gloire, & dont on se sert, à son exemple, mais avec moins d'éclat qu'il n'en fit. Cette affaire, dans le fond, lui paroissoit de si peu de consequence, qu'elle ne l'empêcha pas de recevoir au bre de ses plus intimes amis, celui qui avoit été le favori de sa femme ; mais, tout bien consideré, Cesar étoit-il en droit de se plaindre de sa femme ? n'étoit-il pas sujet au même defaut qu'elle ? Ne couroit-il pas de galanterie en galanterie ? Les Loix ne sont-elles pas égales ? Mais, les femmes, *dira-t-on*, sont plus à blâmer, à cause des consequences ; on ne veut pas faire reflexion, qu'elles ne peuvent faire tous les maux qu'on leur reproche, que les hommes ne soient complices ; ils sont donc pareillement à blâmer, & si la faute est égale, la peine ne devroit-elle pas l'être ? Il y a un exemple dans l'Antiquité, qui devroit être la regle de nos jugemens : Une femme, aïant appris que son mari infidele é-

toit à sa maison de campagne
avec une femme qu'il aimoit,
s'arma d'un poignard, & en fit
prendre à des Domestiques qu'-
elle avoit sçû gagner, resoluë
d'aller poignarder son mari, &
celle qui étoit la cause de son
crime. Aprés avoir executé ce
qu'elle avoit projetté, elle cou-
rut à la Ville où se tenoit le Roi,
& lui demanda, s'il n'eût pas
fait grace à un mari, qui, aïant
trouvé sa femme entre les bras
de son Amant, les eût tué tous
deux ? Le Prince répondit que
c'étoit une action graciable, &
qu'on pouvoit avoir recour à lui
en de pareilles occasions ; *Ie
vous supplie donc*, dit-elle, *de
me faire expedier ma grace, car
aïant sçû que mon mari étoit à
sa maison de campagne avec une
personne qui lui faisoit manquer*

à la fidelité qu'il me doit, j'y ai été, & je les ai tué tous deux.

Le Roi engagé par sa propre declaration, ne pouvoit refuser de faire grace pour une action qu'il avoit trouvée remissible. La Loi n'est-elle donc pas égale ? C'est de quoi les hommes, prévenus de leur prétendu droit de superiorité, ne conviendront pas ; ils feront la même difficulté de convenir que les femmes soient capables de conduire des affaires de consequence ; qu'elles soient capables des sciences, qu'elle aïent de la fermeté dans les disgraces, de la generosité, un bon cœur, & de l'esprit : ils s'attribuent toutes les vertus, & ne leur en accordent aucune. La chose bien examinée, quelles sont les vertus qu'ils possedent en un degré si

éminent, quelles font leurs
fciences ? S'ils étoient de bonne
foi, n'avoüeroient-ils pas que
les lumieres des plus favans font
bien bornées, & que s'ils en ont
plus que le commun des femmes, c'eft fi peu de chofe, que
ce n'eft pas de quoi fe vanter.
Et n'a-t-on pas vû des femmes,
qui poffedoient celles qui font
neceffaires pour le maniement
des affaires du monde mieux
que les hommes les plus éclairez. La Reine *Elifabeth* n'a-t-
elle pas été plus habile Politique, que tous les hommes de
fon fiécle ? & y a-t-il eu un Gouvernement en Angleterre plus
abfolu, que le fien ? N'a-t-on
pas vû *Ieanne de Flandre*, Comteffe de Monfort, foûtenir,
contre Charles de Blois, les
droits que fon mari & fon fils

avoient à la souveraineté de Bretagne, avec toute la fermeté &
toute l'intelligence des plus
grands Hommes ? La France
n'a-t-elle pas eu des Reines Re-
gentes fort habiles ? Et tous ceux
qui sont assez justes pour regarder les affaires du monde sans
préoccupation, ne demeurent-
ils pas d'accord qu'il y a en
France des Femmes qui ont plus
d'esprit, plus de politesse, plus
d'intelligence, & plus de generosité que la plus grande partie
des Hommes ? N'en voïons-
nous pas qui gouvernent leurs
affaires avec sagesse ? Les unes
élevent leurs enfans avec soin &
avec prudence ; d'autres soula-
gent les malheureux, font du
bien à leurs proches, & recon-
noissent liberalement ce qu'on
a fait pour elles : Si on pouvoit

entrer dans le détail de la conduite des particuliers, je suis persuadé qu'on trouveroit souvent des femmes, lesquelles, aussi-bien que des hommes ont toutes les qualitez, qui fondent un mérite solide, & qu'elles sont peut-être generalement sujettes à moins de défauts. Dépoüillons-nous donc de nos préventions, & disons de bonne foi, que nous sommes également à plaindre, hommes & femmes, de ce que nous avons si peu de lumiéres, & que malgré nôtre vanité, nous ne pouvons pas prétendre de parvenir à de grandes perfections : Selon moi, la veritable définition du Genre humain, est que nous sommes également, hommes & femmes, peu éclairés, & sujets aux mêmes foiblesses, aux

mêmes paſſions, & aux même
infirmitez. Ne nous flatons pas
nous avons les mêmes préventions ſur toute ſorte de matiéres, & nous ſommes tous le
jours groſſierement trompe
par les apparences : Il n'y a pa
un ſiécle, que tous le Grand
d'une Cour furent les duppes
d'un jeune Avanturier qui venoit de porter la livrée : Il avoit
appris dans ſa premiere jeuneſſe à lire & à écrire par la bonté de ſes premiers Maîtres, qui
avoient eu la charité de le faire inſtruire, dans la vûë qu'il
pourroit par-là parvenir à
quelque choſe, comme pluſ-
ſieurs autres : Quand il fut un
peu plus avancé en âge, il prit
ſoin de s'inſtruire lui-même, par la lecture, & par ſon
attention à toutes les convers

ſation

fations dont il pouvoit être témoin : Il entra au fervice d'un
homme , qui étoit Joüeur de
profeſſion , & qui avoit fait
quelque fortune par le jeu , il
devint Joüeur dans cette école,
& il apprit ſi bien toutes les ruſes
des habiles Joüeurs , qu'il ſe fit
quelque petit fonds aux dépens de ſes Camarades , quitta
la livrée , & s'introduiſit dans
les lieux où on reçoit ceux qui
ont de quoi joüer. Comme il
étoit fort adroit , il gagna bien-
tôt aſſez d'argent pour joüer
dans le grand monde ; mais é-
tant trop connu dans un lieu
où il avoit porté la livrée pendant pluſieurs années , il jugea ,
en homme d'eſprit , qu'il faloit
choiſir un autre theatre pour ſe
montrer : Il partit pour cela
avec ce qu'il avoit d'argent ; ne

prit aucun domestique , de peur
que ce fût un témoin contre
lui. Il se fit faire de beaux habits , & même des habits de
livrée ; il en avoit tant porté
de differentes , qu'il lui fut facile de composer la sienne ; il
prit son chemin pour sortir du
Roïaume par Roüen , où il demeura quelques jours ; mais il
n'y fit aucunes habitudes , que
celles qu'on trouve dans les
Auberges ; il y débaucha le
Valet de chambre d'un Gentilhomme , à qui il dit qu'étant
sorti de Paris , parce qu'il avoit
eu une affaire , il n'avoit pû
amener aucun Domestique ,
n'en aïant point à qui il se pût
confier , & que , s'il vouloit le
servir avec fidelité , il y trouveroit sa fortune. Ce Valet , qui
s'ennuïoit de servir un Maître

qui ne quittoit pas sa Province,
voïant un homme bien vêtu,
prit le parti qu'on lui propo-
soit: L'Avanturier, qui avoit
medité de prendre le nom
d'un homme de grande con-
dition, dit confidemment à
son nouveau Domestique, que
c'étoit le sien ; mais qu'il ne
faloit pas qu'on le sçût qu'ils
ne fussent sortis du Roïaume. Il s'en alla le lendemain
à Dieppe , pour chercher à
passer en Angleterre : N'y
aïant pas trouvé de vaisseau
de passage , il alla à Abbe-
ville , où il envoïa , en arrivant, arrêter deux places dans
un Carosse qui alloit à Calais;
& comme il eut appris que les
places du fond étoient prises,
il renvoïa son Valet de cham-

bre dire qu'il ne partiroit pas,
s'il n'en avoit une ; mais qu'il
donneroit ce qu'on voudroit.
Le Maître du Caroffe reçût
l'argent qu'on lui voulut donner, & trouva moïen de faire
ceder une place dans le fond à
nôtre Avanturier, que fon Valet
de chambre nomma *Monfieur le
Comte*........ L'autre place du
fond étoit occupée par un Mylord Anglois, qui venoit de rétablir fa fanté à Montpellier, où
les Medecins lui avoient ordon-
né d'aller paffer quelques mois;
Monfieur le Comte fit entendre au Mylord , qu'il avoit
paffé quelques jours à une Terre qu'il avoit en Normandie,
où il lui avoit pris envie d'aller
voir la Cour d'Angleterre , par
les belles Relations qu'il en
avoit entendu faire à un de fes

voisins , qui y avoit demeuré
long-tems ; & que comme ses
gens ne parloient pas Anglois,
il ne menoit qu'un Valet de
chambre , croïant qu'il seroit
mieux servi par des gens de livrée, qu'il prendroit à Londres.
Voilà par où il commença à
faire le Seigneur. Le My-
lord , qui le crut ce qu'il paroissoit , vécut avec lui fort ci-
vilement , & ensuite sort familierement, ils mangerent toûjours ensemble , passerent le
Pacquebot , & coucherent en
même chambre jusqu'à Lon-
dres ; ils joüerent même à toû-
tes les couchées , & le Mylord
perdit quelque argent , mais
Monsieur le Comte , qui avoit
besoin de lui pour s'introduire
à Wittehal , l'épargna , & ne
se voulut pas servir de toute son

industrie ; ce qui eut le succés
qu'il avoit esperé , car le Mylord l'introduisit à la Cour
d'Angleterre , & asseura , en
l'introduisant , qu'il étoit de
qualité & fort poli : On n'eut
pas de peine à le croire homme
de qualité ; car le nom qu'il
avoit pris étoit fort bon , &
heureusement pour lui il ne se
trouva personne à la Cour d'Angleterre qui eût connu le visage
de celui de qui il avoit pris le
nom , qui étoit assez jeune pour
n'avoir pas encore été beaucoup
vû dans le monde. On prit donc
l'Avanturier à Wittchal pour
ce qu'il disoit être ; il y joüa &
gagna beaucoup : Comme il
paroissoit fort beau Joüeur , on
le desiroit dans toutes les parties, & les plus Grands le com-
bloient de mille caresses ; ce qu

dûra quelques mois, on le trouvoit même homme d'esprit &
tres-poli ; & comme il étoit
fort hardi, '& accoûtumé à voir
des gens de qualité, il en fit
si bien le personnage, qu'il avoit
trompé une Cour où il ne manquoit pas d'hommes & de femmes de grand discernement , &
qui malgré cela, se laisserent
abuser par la force de la prévention : Le Maître d'Hôtel
d'un Ambassadeur arrivé quelques jours devant son Maître,
pour lui préparer un logement,
desabusa toute la Cour, & elle
se trouva tres-étonnée d'avoir
été trompée par un jeune homme : La conjoncture de l'arrivée
du Maître d'Hôtel fut fort malheureuse pour Monsieur le
Comte : car cet homme incon-
sideré l'aïant rencontré dans le

Parc de Wittehal avec quatre ou
cinq hommes & quelques Dames, le voïant bien vêtu & en
compagnie qui lui paroissoit
bonne, s'en alla à lui, & le
nommant par son premier nom,
lui dit qu'il étoit ravi de le voir
en si bonne posture. L'Avanturier au desespoir, se voïant découvert, & ne croïant pas
qu'il y eût d'expedient qui pût
rétablir le malheur qui lui étoit
arrivé, disparut sans dire une
parole, & on n'a pas sçu depuis
ce qu'il étoit devenu. Le Maître d'Hôtel interrogé, dit ce
qu'il savoit, & le bruit de cette
Avanture se répandit le même
jour dans toute la Cour, où un
chacun eut honte de s'être laissé
prévenir : Quelques-uns dirent,
qu'ils avoient toûjours eu quelque soupçon que cet homme
n'étoit

n'étoit pas ce qu'il disoit, &
qu'il y avoit eu des occasions
où on s'étoit apperçû qu'il manquoit d'esprit & de politesse;
mais c'étoient peut-être ceux
qui avoient été plus préoccu-
pez en sa faveur; Quoi qu'il en
soit, voilà une prévention arrivée dans une Cour fort éclairée, qui nous doit apprendre
que nous sommes sujets à être
tous les jours trompez dans nos
jugemens.

On est dans l'Europe à l'é-
gard des gens qui ont porté
la livrée comme les Romains
pour les Esclaves, que les
Maîtres affranchissoient quelquefois à cause de leur merite;
mais quelque bonnes qualitez
qu'ils eussent, le Public ne les
voïoit dans les emplois, qu'avec
indignation; Le même esprit

d'injuſtice ne regne-t-il pas
toûjours parmi les hommes?
J'ai vû depuis quelques années
un homme chaſſé de la Gendarmerie, parce qu'on ſçut po-
ſitivement qu'il avoit porté la
livrée, & cet homme étoit digne d'être Officier par ſa bonne
mine, par ſa valeur & par ſa
ſageſſe : on le chaſſa cependant, aprés avoir été un an
dans la Gendarmerie. Il eſt vrai
qu'on lui dit, que s'il vouloit
entrer pour deux ans dans une
Compagnie de Cavalerie, on le
reprendroit ; il s'étoit aſſez dé-
craſſé, & étoit, ſans doute, digne de mieux que ce qu'on lui
ôtoit, car on ne pouvoit avoir
mieux la mine d'un homme de
guerre, avoir été plus promt à
toutes les occaſions, & avoir
mieux fait quand il en avoit eu

de tirer l'épée : Il étoit cependant doux comme un enfant parmi ses Camarades , & fort respectueux devant ses moindres Officiers , & tout le Corps de la Gendarmerie lui vit faire une action qui meritoit assurément qu'on l'aimât & qu'on l'estimât : Un Gendarme qu'il ne connoissoit pas, s'étant jetté dans un marais , en voulant faire boire son cheval , & s'y étant abîmé , de maniere qu'à peine le voïoit-on , il couroit risque de perir s'il n'étoit secouru promtement , personne n'osant se hasarder de lui donner le moindre secours, de peur de perir avec lui , on vit sortir des rangs le Gendarme dont je parle ; il mit pied à terre sur le bord du marais , pria qu'on eût soin de son cheval , & se

jecta botté dans le marais, où il
entra jusqu'à la ceinture, il tira, en arrivant, le cheval de
deſſus ce pauvre Gendarme qui
étoit prêt d'expirer ; mais le
cheval, en ſe debattant, ren-
verſa le Gendarme charitable,
on le crut perdu, & on en étoit
fort touché, quand on le vit
ſe relever en un moment & cou-
rant au Gendarme, qui étoit
ſi accablé de ce qu'il avoit ſouf-
fert ſous ſon cheval, qu'il étoit
ſans mouvement, il le ſaiſit
par le milieu du corps, le retira du marais, & le porta à terre ſur ſes épaules. Pour moi,
je trouvai cette action ſi bonne,
que ſi j'euſſe eu des moïens ou
de l'autorité, elle n'auroit pas
été ſans récompenſe : tout ce
que je pus faire, fut de le loüer,
ce qui m'attira le déplaiſir d'en-

tendre faire ces raisonnemens fades, *qu'il ne le faloit pas tant loüer, de peur qu'il ne devînt insolent.* Et ces faiseurs de mauvaises remontrances ne savoient pas qu'un homme de courage est animé par les loüanges à entreprendre de plus grandes actions, & je ne puis m'empêcher de regarder avec mépris, des personnes qui ont pour maxime, qu'il faut tenir dans un état bas ceux qui y servent bien, de peur qu'ils ne fassent mal dans un état plus élevé : La maxime opposée à celle-là est celle que j'approuverai toujours, d'élever à de plus grands emplois ceux qui se sont bien acquitez des mediocres.

Quelques mois aprés ce que je viens de rapporter, ce Gen-

darme fut chaſſé comme j'ai
dit, au lieu d'être recompenſé;
il eſt vrai qu'il couroit quelquefois ſon cheval, & que ceux
de ſes Camarades étoient peut-
être mieux panſez que le ſien;
ce que pluſieurs Chefs de Briga-
de regardent comme une grande vertu, parce qu'ils craignent, ſur toutes choſes, de
perdre des chevaux qui leur
coûtent quatre ou cinq cens
francs; je demande ſi ce n'eſt
pas une injuſtice de ne vouloir pas pardonner à un homme, à qui on connoît un veritable merite, les défauts ou les
malheurs de ſa jeuneſſe.

Cette même injuſtice ſe répand dans tous les Corps de
Troupes, j'ai vû préferer, à
des gens d'une grande vertu,
des hommes qui n'en avoient

aucune, & cela feulement parce qu'ils étoient nés Gentilshommes : Je confens qu'on pré-
fere un Gentilhomme , quand
il a autant de vertu ou un peu
moins que fon Concurrent;
mais fi j'avois de l'autorité, je
préfererois la grande vertu à
tout. N'eft-ce pas l'interêt de
l'Etat d'emploïer ceux qui peuvent le plus contribuer à fa
grandeur par l'efprit & par la
valeur? On a l'injuftice de méprifer une homme d'une grande vertu , s'il eft d'une naiffan-
ce obfcure & s'il n'a pas beaucoup de bien, au lieu que, s'il
en avoir , quelle confideration
n'auroit-on pas pour lui dans
le monde.

Je demanderois volontiers ,
pourquoi un homme ou une
femme, qui n'ont aucun befoin

ni aucune intention de recevoir les secours que peut donner un homme riche, & qu'il ne donne jamais, lui accordent neanmoins toutes les préferences sur les gens de merite? On entend dire dans les compagnies, *Cet homme a cent mille livres de rente*; au fond, c'est un impertinent par sa vanité; il n'ouvre jamais la bouche, que pour prononcer une extravagance; on ne lui connoît aucune vertu, il est même d'une avarice crasse, & on sait qu'il n'a jamais fait de plaisir à personne, il n'importe, il a cent mille livres de rente, il trouvera par-tout mille déferences, & laissera toûjours ceux qui n'ont que du merite cent pas derriere lui. Quelqu'un me pourroit-il dire la raison d'une pareille bizar-

rerie de l'Opinion des hommes ?
On a une autre prévention pour
un homme riche , plus injuste
que toutes les autres , il a un
ami qui a une mauvaise fortune , mais intelligent , fidele,
incapable de manquer à aucun
des devoirs de l'amitié , qui a
été emploïé en plusieurs occasions pour les intrigues & les
interêts de l'homme riche , où
il a fait ce qu'il avoit promis
avec la derniere exactitude , &
a conservé inviolablement les
secrets qu'on lui a confiés, il a
même eu une occasion de rendre un service tres-important à
son ami riche , en détournant
les témoins d'une action qui
l'eût perdu , si elle eût été prou-
vée , quoique ce fût une action
d'honneur ; cet homme qui a
une mauvaise fortune , y a em-

ploïé tous les soins imaginables,
il faut quelquefois en de pareilles occasions faire de grandes dépenses secrettes , il y a
fait celles qu'il y a trouvé necessaires , & n'en a jamais parlé à son ami riche , qui n'a pas
eu la curiosité de s'en informer;
il est vrai que l'homme riche a
quelquefois donné de petits
secours d'argent à son ami, mais
tres-petits , & il y a eu des occasions où il devoit lui donner
des marques de consideration,
pour lui attirer celle des autres,
à quoi il a manqué , & à plusieurs autres honnêtetez qu'on
avoit droit de prétendre ; ces
deux Amis ne se voïent plus,
quoiqu'ils ne soient pas broüil-
lez avec éclat , quelle opinion
croïez-vous qu'on en ait ? On
donne le tort à celui de qui la

fortune n'eſt pas bonne, & on
eſt prévenu que l'homme riche
lui a été utile. Lequel des deux
croïez-vous qui ait plus merité
dans cette ſocieté ? Le malheur
eſt que celui qui eſt blâmé, ne
peut ſe juſtifier, il y a des ſerviecs
qu'on a rendus à ſes amis, dont
on ne peut rendre compte au
Public, & il vaut mieux ſouf-
frir l'injuſte prévention des hommes, que de manquer de diſ-
cretion.

N'a-t-on pas quelquefois be-
ſoin d'avoir les mêmes égards
pour les Dames ? Elles peuvent
avoir tort, mais jamais pour
cela un homme n'eſt en droit
de ſe plaindre, ni de ſe venger,
en découvrant les ſecrets qu'on
lui a confiez ; il ſeroit pourtant
quelquefois bien doux de pouvoir ſe plaindre du mauvais pro-

cedé de celles qui manquent à
leurs amis, de qui elles ont quelquefois (le cœur, pour ainsi dire, à la main) mendié la ten-
dreſſe ; quel plaiſir ne ſeroit-ce
pas de les pouvoir peindre de
toutes leurs couleurs ! Il ſeroit
grand, mais un homme qui a
ſoin de ſon honneur, ne le peut
jamais prendre.

Les Generaux d'Armée & les
Gouverneurs de Place ne ſont-
ils pas ſujets au même malheur
de ne ſe pouvoir juſtifier quand
le Public les condamne ? Ils ont
ſuivi exactement les ordres du
Souverain, qui a eu de bonnes
raiſons de leur faire tenir une
conduite que le Peuple, ſujet
à juger temerairement, a deſap-
prouvé, il leur ſeroit facile de
faire connoître par le moindre
Manifeſte ſon erreur au Peu-

ple, mais ce seroit declarer les ordres secrets du Souverain, ils ne le doivent pas, & ils demeurent condamnez. S'ils ont la consolation d'être agréables à un bon Maître qu'ils ont bien servi, ne peuvent-ils pas mépriser les opinions du Peuple ? Mais s'ils tomboient dans quelques-uns des malheurs, qui sont arrivez au fameux *Belisaire*, ne seroient-ils pas bien à plaindre ? Il avoit triomphé de tous les Ennemis de l'Empereur, & y y avoit tant acquis de gloire, qu'il se répandit parmi le Peuple une opinion, que, s'il eût eu la volonté de se rendre maître de l'Empire, il en eût eu la puissance. Les discours qui se faisoient là-dessus, passerent jusqu'aux oreilles des Ministres de l'Empereur, qui croïoient

avoir interêt de perdre ce grand
homme, de peur que ses services ne lui eussent donné la faveur du Prince, aprés des ex-
peditions si glorieuses que celles qu'il venoit d'achever ; ils
s'aviserent, pour s'en garentir,
de donner avis à l'Empereur,
des discours du Peuple : L'Empereur se laissa aisément persuader que c'étoient des indi-
ces des dispositions de tous les
cœurs de ses Sujets pour Belisaire, à qui il jugea que, quand
elles lui seroient connuës, la
volonté de s'en prévaloir pourroit venir ; & pour ne rien ne-
gliger dans une occasion qui lui
paroissoit si importante, & pour
prévenir des maux nez de l'i-
magination du Peuple, il dé-
pouilla de tous ses emplois &
de tous ses biens le plus fidele

& plus utile serviteur qu'il eût;
il lui fit, pour plus grande précaution, crever les yeux, le
confina dans une prison, où il
finit sa vie, abandonné de tous
ceux qui l'avoient adoré dans
sa prosperité. Heureux ceux qui
peuvent s'assurer qu'ils servent
un Prince qui a une si grande
sagesse & une si grande précaution contre les mauvais avis,
qu'il ne se laissera jamais prévenir contre ses fideles servi-
teurs !

Je reviens aux préventions qu'-
on a pour les richesses; celle dont
les hommes riches sont entêtez,
leur fait faire quelquefois des
fautes bien risibles, j'en dirai
une que je ne crois pas qu'on
puisse excuser : Une femme qui
a un rang au dessus des Du-
chesses, entra un jour chez un

Financier, & demanda à lui
parler dans son cabinet, où elle ne demeura qu'un moment,
& en sortant le Financier aïant
fait quelques pas pour la conduire, elle le pria de ne quitter
pas ses affaires : il ne se le fit pas
dire deux fois, & la quitta en
lui disant seulement , *Je vous
laisse donc aller , puisque vous
l'ordonnez* : malgré cette insolence , ces hommes si superbes
ne sont-ils pas traitez avec mépris , même par les gens de la
Ville ? J'entendis un jour aux
Tuilleries une conversation entre deux femmes de la Ro-
be , où le Financier dont je
viens de parler , fut traité de
petit Compagnon ; l'une de ces
femmes rendoit compte à l'autre , de la compagnie qu'elle
voïoit à sa maison de campagne:
elle

elle nomma tous ses voisins, qui étoient gens de qualité, & aprés les avoir tous nommez, elle ajoûta, *Et quand nous voulons décendre dans la Bourgeoisie, nous voions Monsieur de......* *& sa femme, qui sont d'assez bonnes gens, & qui font fort bonne chere chez eux ;* ce qu'il y a de singulier, est que celle qui parloit, est femme d'un homme de Robe, de qui le pere étoit Financier ; elle fit connoître qui elle étoit, en nommant souvent son mari, qui porte le nom de la Terre dont elle parloit, qui appartenoit il n'y a pas trente ans à des gens de bonne maison. Je n'eus pas plûtôt quitté les Tuilleries, que je rendis compte, en homme surpris de la Bizarrerie des Opinions des hommes, de la
S

conversation que je venois d'entendre, & on demeura d'accord
qu'elle étoit singuliere , & que
c'étoit une chose remarquable
d'entendre la belle-fille d'un
Financier parler avec mépris
d'un homme qui a même une
Charge considerable dans les
Finances.

Les Financiers & les Partisans
ne sont-ils pas necessaires dans
un Etat ? Le crédit qu'ils ont
dans les Affaires , ne fournit-il
pas un moïen promt d'avoir de
l'argent dans les occasions pres-
santes des besoins de l'Etat?
Ne sont-ils pas les Fermiers du
Souverain , qui ne peut pas recevoir ses droits & manier ses
finances par ses propres mains?
Il n'y a pas un simple Particulier , qui ne croie qu'on doit
considerer son Fermier & ses

Gens d'Affaires, quelle raison donc pour haïr & méprifer ceux du Roi ? C'eſt cependant une injuſtice commune ; on va encore plus loin, car l'on croit tellement être en droit de les tromper, qu'un Ambaſſadeur m'a une fois prié de paſſer ſans païer les droits pour des hardes qu'il me chargeoit de porter à ſa famille : J'ai vû même des Devotes de profeſſion, ne faire aucun ſcrupule de frauder la Doüanne ; elles ne font pourtant rien que par l'avis de ceux qui dirigent leur conſcience : Seroit-il poſſible que des Directeurs de la conſcience des Dames, qui doivent être ſi ſages, approuvaſſent une pareille injuſtice ? & n'eſt-ce pas veritablement prendre le bien d'autrui ? Mais, *me dira-t-on*, les

Financiers font des gains im-
menfes : Eft-ce une raifon pour
leur ôter des droits établis par
les Loix ? Les femmes , quoique devotes , font auffi bien
que plufieurs hommes , fujet-
tes à des Opinions qui ne fe
peuvent juftifier. Que peut-on
juger de celles qui confultent
tous les Devins & tous les Af-
trologues, & qui ont toûjours
en tête leur horofcope & des
figures par où elles efperent de
connoître tout ce qui leur arri-
vera ? Elles ont plus de foi pour
l'Aftrologie judiciaire, que pour
tout ce qu'il y a de plus férieux,
& *Noftradamus* eft celui de tous
les hommes de l'Antiquité qu'-
elles eftiment le plus ; & ce qui
eft encore plus extraordinaire ,
eft qu'elles font fouvent entre-
tenuës dans ces chimeres par

ceux dont le caractere feroit de les en defabufer ; Comment peut-on fe laiffer gouverner aveuglément fur de pareilles matieres, pouvant facilement connoître le péu de folidité qu'il y a en tout ce qu'on leur fait efperer ? Si elles prenoient le foin de fe faire expliquer les regles de cette pretenduë fcience, elles verroient infailliblement, qu'elle n'eft fondée que fur de grands mots, que ceux qui la profeffent, feroient bien embarraffez de leur expliquer, puifqu'ils ne les entendent pas eux-mêmes, & qu'ils feroient en peine de dire d'où les Auteurs qu'ils citent à tous propos, tirent la connoiffance du pouvoir qu'ils attribuënt à chacun des Aftres : mais elles font encore bien plus abufées par une autre espece de Trompeurs, qui leur donnent des esperances de leur faire posseder de jour à autre des trésors immenses : Ces Trésors sont, *disent-ils*, dans un vieil Château, dans une vieille Tour, dans les fondemens d'une maison, mais ils ne peuvent dire précisément l'endroit, il faut percer en plusieurs lieux ; celui qui a un Livre dont le titre est, *Le petit Albert*, trouvera précisément cet endroit si desiré, mais il faut, *dit-on*, un homme d'Eglise, qui ait pouvoir sur les Demons, pour le lire ; tout autre les invoqueroit inutilement, ou seroit en grand danger, s'ils paroissoient : Le ministere d'un homme d'Eglise est, *dit-on*, encore plus necessaire pour se saisir d'un Trésor, quand il est

découvert , car il faut chasser
un Demon qui en a la garde,
& qui a eu ordre de s'en empa-
rer dés le moment qu'il a été
mis en terre : Quelles visions!
Ne pourroit-on pas demander
à tous les Trompeurs qui parlent de la sorte, où ils ont pui-
sé toutes ces connoissances ?
J'ai été quelquefois surpris d'a-
voir rencontré des personnes,
d'ailleurs de bon esprit, préoc-
cupez de pareilles opinions,
qui ne sont fondées sur aucune apparence : Il est constant
que dans le tems des Guerres
on peut avoir caché de l'argent, que les Avares en ont
pû cacher dans tous les tems,
& que ceux qui l'ont caché, peuvent être morts sans l'avoir de-
claré ; mais où peut-on prendre les lumieres necessaires pour

découvrir ce qui est apparemment bien avant en terre ; & s'il étoit découvert, où a-t-on appris, qu'il faut de necessité le ministere de quelqu'un pour chasser ces Demons, qu'on suppose qui le gardent ? Ne sait-on pas qu'on a quelquefois trouvé, en démolissant une maison ou en labourant un champ, de l'argent dont on s'est saisi sans le secours du *petit Albert*, & sans le ministere de ceux qui s'y disent necessaires ? Une femme qui a beaucoup d'esprit, mais qui a trop de créance aux Charlatans, me pria un jour de m'informer chez les Libraires, où on pouvoit trouver *le petit Albert* ? Je fis inutilement tous mes efforts pour la desabuser, & il ne fut pas possible de me dispenser de

lui

lui promettre de m'informer de
ce qu'elle vouloit savoir. Je dis
à un Libraire , homme d'esprit,
que j'avois fait tout ce qui étoit
en mon pouvoir , pour ôter de
la tête d'une personne, en toutes autres occasions fort raisonnable, la curiosité qu'elle avoit
pour un Livre , dont le titre
étoit *le petit Albert*, & je le priai
de me dire ce qu'il en savoit,
afin que je pusse mieux persuader
l'inutilité de cette curiosité : Il
me répondit que le *petit Albert*
étoit une vision , aprés laquelle
on couroit il y avoit long-tems,
& qu'il ne savoit pas ce qui
avoit donné cours à une pareille chimere; mais qu'il avoit
entendu dire , qu'un Trompeur
voulant profiter d'une préoccupation si generale , avoit fait
imprimer dans une Ville , où

T

il n'y a pas grande Police fur l'Imprimerie, un petit Livre fous ce titre : où il avoit inferé plufieurs mots de terminaifon bizarre, qu'il n'avoit garde d'entendre, puifqu'ils ne fignifioient rien ; qu'il avoit, outre cela, mis dans chaque feüille de fon Livre, des figures horribles, capables d'étonner & d'impofer, & qu'il en avoit debité cent exemplaires dans une grande Ville, où il favoit plufieurs perfonnes prévenuës que le *petit Albert* contenoit de grands fecrets, & qu'aprés avoir tiré des fommes confiderables de cette fupercherie, il avoit difparu, même à propos, parce que les Magiftrats avoient donné ordre de le faire arrêter, & euffent apparemment fait une punition exemplaire d'une tromperie faite à tant de personnes. Voilà ce que j'appris, & de quoi je rendis compte à la personne qui m'avoit prié de l'instruire ; J'y ajoûtai tout ce que je crûs capable de lui ôter la créance qu'elle avoit en de pareils Trompeurs, qui lui arrachoient tous les jours de l'argent, qu'elle eût peut-être refusé à un de ses amis qui lui eût donné des conseils sinceres ; ce qui est une experience qui met en droit de juger, que pour s'aider des hommes il faut leur imposer, & que les conseils de bonne foi sont rarement trouvez dignes de reconnoissance, ni des secours dans les besoins dont ceux qui savent tromper habilement, ne manquent jamais.

En combien d'autres fautes

ne tombent pas tous les jours
ceux qui sont entêtez de quelque opinion : Un homme d'efprit d'une des plus grandes Villes de France, & qui avoit vû
toûjours bonne compagnie, eft
auffi entêté, que s'il eût paffé
fa vie dans fa maifon de Campagne, de faire faire une grande
alliance à fa fille unique, même hors de fa Province, ne jugeant aucun de ceux qu'il y
connoiffoit, propre à donner
à fa fille les honneurs & les al-
liançes qu'il lui fouhaitoit : Il
fe trouva pour fon malheur, un
homme dans fa Ville, qui
aïant de l'efprit ou de l'effronterie, avoit perfuadé au Public,
qu'il étoit d'une maifon, où il
y avoit eu dans ce fiécle un
Maréchal de France ; il en portoit même le nom ou un nom

qui en approchoit, qu'on dit être veritablement le sien; on dit même qu'il est Gentilhomme, mais non pas de la maison dont il se disoit : Quoi qu'il en soit, il persuada si adroitement tout ce qu'il savoit qu'on souhaitoit, qu'il vint à bout de faire desirer son alliance à une famille considerable, & à une jeune personne, qu'il n'est pas surprenant qui ait desiré , ou du moins agréé une affaire qui paroissoit si bonne à ceux en qui elle devoit prendre confiance , qui étoient des personnes d'un aussi bon entendement qu'on en pût voir , & qui ne s'étoient jamais laissé surprendre que dans cette occasion; mais enfin le desir d'une grande alliance les possedoit tellement , qu'ils furent dispo-

sez à croire tout ce qu'on leur
diroit, joint à ce que l'artifice
qu'on emploïa pour les persuader, étoit fort habilement conduit : on leur montra des Lettres, des Procurations, des af-
surances d'un Hôtel meublé à
Paris, & d'un équipage qui y
attendoit les Mariez, & ils con-
sentirent volontiers à conclur-
re ce mariage, dont ils se
croïoient fort honorez. Le mariage fait, & le Marié ne les
ménageant plus, & voulant
faire le maître, il vint quelque
avis de la tromperie; ils presen-
terent une Requête pour faire
arrêter le Trompeur, ce qui
fut suivi d'un Arrest, qui decla-
roit le mariage nul. Les motifs
de l'Arrest sont, si je ne me
trompe, la supercherie faite,
& la mort civile du mari, qui
étoit sous une condamnation;

Voilà une prévention qui coûte cher à une famille pleine de gens de merite, & à une fille qui en a beaucoup, & beaucoup d'agrémens : N'est-elle pas bien digne de compassion d'être tombée dans un malheur si terrible, & d'avoir été la victime de la facilité de ses proches à se laisser prévenir ?

On ne sauroit comprendre combien la prévention pour les grands Noms a fait de duppes ; Un Homme qui avoit passé les premieres années de sa vie dans la bassesse, ennuïé de sa condition, en alla chercher une meilleure à l'Amerique ; Il arriva à l'Isle de S. Domingue, se fit Boucanier, & aïant gagné trois ou quatre cens pistoles, il revint en France, & prit le parti de venir, avec cet argent,

chercher fortune à Paris : Il s'y
mit à joüer, & s'affocia de gens
qui lui apprirent à joüer avec
avantage ; il gagna quelque
chofe, & trouva moïen de parvenir à quelque petit emploi
dans un Régiment de Cavalerie ; il s'ennuïa bien-tôt du Service, ou peut-être fut-il refor-
mé par la Paix, je ne fai lequel :
Il revint à Paris, fe remit à
joüer, gagna & dépenfa beaucoup : Quand il fe vit avec de
l'argent, il fe mit en tête de
faire l'homme de Qualité, &
prit le nom & la livrée d'une
grande Maifon, tellement que
le voilà *le Chevalier de*... Il
fe perfuada, qu'avec un grand
nom & l'art de joüer on trouve plus facilement des duppes
dans les Provinces, qu'à Paris

ees deux moïens de réüffir , il
fe mir plein d'efperance dans un
Caroffe qui conduir à une des
grandes Villes du Roïaume: Des
femmes monterent dans le même Caroffe ; il ceda une bonne place qu'il avoir; on le jugea
de-là un homme poli , il avoir
des Laquais d'une livrée connuë, & fon nom qui fur bien-
tôt fçu, y répondoir ; ce qui le
fit refpecter de tous ceux qui
étoient du voïage : Il joüa à toutes les couchées & gagna tous
les jours un peu d'argent ; il
s'apperçut que l'une de ces
femmes joüoit plus noblement
que les autres ; c'étoit auffi la
plus aimable, & elle lui parut
la plus riche, parce qu'elle a-
voit des gens à fa fuite ; il s'attacha auprés d'elle, & lui rendit de grands refpects ; Il avoir

toûjours quelque complaifance
pour elle dans toutes les occa-
fions, & plus particulierement
au jeu : Cette femme charmée
d'avoir fait la conquête d'un
homme qui avoit un grand
nom, croïoit que c'étoit arriver chez elle en triomphe ; elle prefenta Monfieur le Chevalier dans toutes les bonnes
compagnies de fa Ville comme
un homme de qualité & un
homme d'un merite infini ; il
n'avoit pas grande politeffe, &
il ne pouvoit pas favoir fort
bien le monde ; cela n'eft rien,
un grand nom fupplée à tout ;
il avoit pris le prétexte, pour
ce voïage, d'une ancienne affaire de fa maifon, qu'il alloit
rechercher, parce qu'on lui en
avoit cedé les droits dans

Caroſſe & dans la Ville, où il
arriva, tout ce qu'il voulut dire, & on eût fait ſcrupule de
douter de ce que diſoit un homme de ſa qualité : les femmes de
la Ville porterent envie à celle
qui avoit fait une ſi heureuſe
rencontre ; le mari de cette femme ſi heureuſe vint à la Ville,
Monſieur le Chevalier devint le
meilleur de ſes amis, le commerce du jeu fit le lien de leur
amitié ; le Chevalier en ſavoit
plus que le Gentilhomme de
Province, qui aïant bonne volonté de s'inſtruire, ne negligea
aucune des leçons que le Che-
lier lui pouvoit donner , & il
devint bien-tôt fort habile, leur
intelligence fondée ſur un interêt commun dura aſſez long-
tems; ils roderent enſemble dans
toute la Province & gagnerent

souvent de l'argent, mais comme rien n'eſt ſtable dans le monde, le mari aïant reçû une Lettre non ſignée, où on lui donnoit avis que le Chevalier aimoit ſa femme, & en-étoit aimé, il voulut s'en aſſurer, & les obſerva. Quand il crût n'avoir plus lieu d'en douter, il dreſſa des embûches au Chevalier, lequel auſſi heureux que le fut Alcibiade en Perſe, ou Guſtave-Vaſa, avant qu'il fût devenu Roi de Suede, averti par la Dame qui l'aimoit, ſe tint ſur ſes gardes, tira le plus d'argent qu'il pût de cette perſonne qui l'aimoit de bonne foi, & qui avoit un bon cœur, & revint à Paris. Le mari ne dit rien à ſa femme, il craignoit ſes parens, qui étoient puiſſans, & qui s'é-toient declarés contre lui toutes

les fois qu'il avoit témoigné
d'être mécontent d'elle.

Le Chevalier revenu à Paris,
y aïant continué à porter un
nom qui lui avoit tant attiré
d'honneurs, trouva moïen de
s'en servir encore heureusement:
Quelques-uns qui le connoisi-
soient, se moquoient de son insolence ; mais dans la confu-
sion de Paris on impose aux
uns par les mêmes moïens qui
font rire les autres. Le Chevalier y réüssit fort bien ; il s'introduisit dans quelque societé,
où il trouva des femmes de Province , qui furent ébloüies du
nom qu'il portoit , & qui se
crurent fort honorées qu'il vou-
lût les préferer à tant d'autres,
qui l'eussent, *croïoient-elles*, desiré. Aprés avoir voltigé quelques jours , incertain du parti

qu'il prendroit, il s'attacha auprés d'une Veuve, à qui il apprit à joüer, & l'on vit enfuite
cette Veuve & le Chevalier enfemble dans tous les Jeux de
Paris.

Le commencement de cette
focieté fut heureux, l'argent y
tomboit en abondance, mais
quelqu'un qui avoit beaucoup
perdu, aïant parlé haut, les
joüeurs entrerent en de grandes
défiances; ce qui diminua peu à
peu la profperité de ces aima-
bles Affociez; il arriva quelques autres accidens, qui cau-
ferent de la dépenfe, le Chevalier avoit toûjours aimé à en faire; il aimoit la bonne chere &
les beaux habits, le jeu y fourni-
ffant moins, il fe voulut fer-
vir de quelque autre induftrie,
& la fin en fut funefte : Voi-

là des exemples qui devroient
apprendre à se garder des préventions ; celles que donnoit
Monsieur le Chevalier, n'étoient
causées ni par son esprit ni par
sa bonne mine, le seul nom qu'il
avoit eû l'insolence de prendre,
fit tout son bonheur, qui ne pouvoit durer avec un tel fondement. Ce n'est pas une chose
rare de voir les Dames enga-
gées par la vanité d'être aimées
de ceux qui ont des noms d'é-
clat, ou qui remplissent les
premieres places des lieux où
elles sont, quoique d'ailleurs
ils aïent peu d'agrémens ; c'est
un goût bizarre, mais il est commun ; on en connoît qui sont si
prévenuës pour la qualité, qu'-
elles aiment mieux entrer dans
de grandes Maisons, au hazard
d'y être peu considerées, que

de voir des personnes de leur
sphere qui leur rendroient toute sorte de respects; Elles voïent,
disent-elles, la meilleure compagnie qu'on peut voir, & elles s'en-
nuïeroient à la mort par tout ailleurs : Il est vrai, qu'elles joüent
avec les Grands , elles y perdent
leur argent, mais qu'importe; l'argent n'est rien en comparaison
de l'honneur qu'elles reçoivent ;
Il ne seroit pas surprenant que
les hommes & les femmes du
grand monde eussent de la politesse & des agrémens dans l'esprit, on les a élevez avec tant
de soin , qu'ils n'en devroient
pas manquer : En ont-ils toûjours, parce qu'ils en devroient
avoir ? N'en connoît-on point
qui n'ont ni esprit ni mœurs ?
Pour moi , qu'on dise ce qu'on
voudra , j'estime que la bonne

compagnie

compagnie eſt celle où j'entends parler avec eſprit, où je ne vois que des gens qui ont envie de plaire, qui ſont civils, honnê-tes, d'une converſation douce & aiſée, & à qui la vanité ne fait pas faire de grimaces ni tenir de mauvais diſcours; & malgré la complaiſance que je dois aux Dames, de qui je parle, le ca-ractere des compagnies que je dépeins, eſt plus aimable que toutes celles dont elles tirent tant de vanité. Et la verité eſt, que dans les meilleures Mai-ſons, principalement dans celles où l'on reçoit tous les Joüeurs, qui ont beaucoup d'argent, on rencontre quelquefois des ani-maux bien feroces, qui ne ſa-vent joüer ni même parler qu'en grondant, qui ne ſavent faire que de mauvais procedez

& de mauvais discours, même
souvent insolens, & on les souf-
fre cependant, parce qu'ils
ont de l'argent : Je voudrois
bien demander si l'argent est
de si grand prix ? J'avoüe que
je suis surpris de voir toutes les
bassesses que font des hommes,
& des femmes qui ont du bien,
pour un tres-petit interêt ; on
se dispute jusques à une demie
pistole, même moins, avec ai-
greur, & on en vient souvent
aux querelles ; je le pardonnerois à ceux qui n'auroient autre chose pour vivre dans la
journée; j'ai vû une dispute pour
douze jettons qui ne valoient
pas un écu, entre un ancien
Officier qui étoit dans un emploi considerable, & un Ayde-
de-Camp, qui devoit être regardé comme un jeune homme :

L'ancien Officier soûtint, & avec emportement, *qu'il ne devoit pas les douze jettons, & que quand il les devroit, il ne les païeroit pas* : L'Ayde-de-Camp lui répondit dédaigneusement, *que c'étoit assez qu'on sçût qu'il devoit, & qu'il étoit le maître de ne point païer.* Il y avoit des témoins, le bruit de cette petite avanture se répandit, & on jugea que l'ancien Officier avoit eu un procedé, qui eut été plus pardonnable à l'Ayde-de-Camp, qui avoit fait le personnage de l'ancien Officier.

Il faut aimer bien l'argent, pour disputer une demie pistole avec emportement; une querelle pour un homme qui regarde une offense comme une affaire fort serieuse, est d'une terrible consequence, il faut avoir toû-

jours ses bottes prêtes , & un
cheval pour quitter le Roïaume;
c'est plûtôt fait de les éviter, en
recevant avec mépris les premieres paroles d'un foû , qu'on
punit en dédaignant de lui répondre ; on s'épargne des querelles qui iroient trop loin , les
gens qui s'y embarquent avec
facilité , ne les poussent pas
toûjours à l'extremité , ils s'y
sont engagez sans reflexion , &
la moindre qu'ils font , les leur
fait abandonner. J'ai vû de ces
sortes d'hommes en reputation
de Braves , pour avoir eu plusieurs procedés , sans avoir jamais tiré l'épée ; on n'examine
pas assez les hommes avant que
de se déterminer à en porter son
son jugement. Ne voit-on pas des
Turlupins estimez gens d'esprit,
parce qu'ils ont étudié de lieux

communs, qu'ils repetent à tous propos, & parce qu'ils ont l'insolence de parler mal du tiers & du quart, principalement des femmes, qu'ils ne ménagent jamais, parce qu'ils ne craignent pas leur ressentiment : J'ai cependant vû de pareilles gens, les favoris des Grands, qui les traitoient avec mille marques de consideration, dans le tems qu'à peine savoient-ils le nom des gens de merite, qui étoient toûjours dans le respect devant eux, qui ne parloient jamais sans égard, & étoient toûjours prêts à se sacrifier pour eux & pour l'Etat. Si l'on demandoit aux Grands la raison d'une conduite si bizarre, & qu'ils répondissent que c'est celle qu'on a de se tenir proche des chevaux qui ruënt, où on est moins en hazard d'en

recevoir de mauvais coups , n'y
auroit-il pas de quoi être surpris d'une réponse si peu gene-
reuse ? N'a-t-on pas vû préferer des Joüeurs décriez , qui
n'avoient ni naissance ni esprit,
à tous les honnêtes gens d'une
Province ? On leur accordoit
des honneurs qu'on n'accordoit
à aucun autre : Quelle opinion
doit-on avoir d'un Grand , qui
donneroit une place dans son
carosse, pour un grand voïage,
à un Turlupin , qui parle toûjours avec insolence , & peu
d'esprit , ou à un Joüeur de
mauvaise réputation , qui n'est
capable d'aucune conversation
que de celle qui regarde le jeu ?
N'a-t-on pas vû des Grands traiter de pareilles gens avec la
derniere familiarité , & leur ac-

occasions , même celle d'aller
manger chez eux , aprés avoir
reçû leurs presens de liqueurs
rares , ou de plusieurs curiosi-
tez , dont ils sont soigneux
de se pourvoir , comme d'un
moïen de conserver toûjours
les préferences qu'on leur donne : Quelle raison., *dira-t-on* ,
qu'ont les Grands , pour tenir
une conduite si bizarre ? Man-
quent-ils de discernement ? Ai-
ment-ils à recevoir ? Ne font-
ils cas que de ceux qui ont de
l'argent, de quelque part qu'il
vienne ? Dira-t-on que c'est une
prévention aveugle dont on ne
voit ni raison ni prétexte ? N'est-
ce pas que les Grands se servent
de telles gens en des affaires se-
cretes ? Ils les emploïent peut-
être pour Espions; mais il n'y a
que ceux qui ont de l'esprit, &

la hardieſſe de s'introduire par-
tout, qui puiſſent faire ce per-
ſonnage-là : Quelques-uns s'en
trouvent bien, car on les voit
élevés, ſans qu'on puiſſe dire
comment, ſi ce n'eſt qu'ils aïent
été utiles par les intrigues, il
faut qu'ils ſoient d'une figure à
ne donner aucune jalouſie, pour
trouver de la facilité à s'introduire dans toutes les maiſons,
car ſi on les jugeoit propres à
plaire, ils trouveroient des difficultez qu'ils auroient de la peine à vaincre, quelque eſprit
qu'ils euſſent : Et à combien de
complaiſances baſſes eſt-on o-
bligé, avant que d'être reçu parmi les Grands ? Celui d'entre
eux qui traite les petits avec
plus de familiarité en particulier, garde ſa gravité en public ; un homme en place, ou

qui y a ſes parens , s'obſerve, &
ne ſe veut abaiſſer à vous ca-
reſſer , que lors qu'il eſt ſeul
avec vous ; avoüez que vous en
êtes bien dégoûté , & que cet
homme faſtueux vous eſt inſup-
portable par ſes mines graves,
& encore plus par les impertinences que vous lui entendez
dire , quand il voüs entretient
familierement ; mais quand les
Grands ont de l'eſprit & de la
ſageſſe , & qu'ils ſont au deſſus
des Opinions communes , quel
compte ne leur en tient-on pas ?
Tout ce qu'ils font, eſt rappor-
té avec exageration, s'ils ſe font
aimer par la facilité de leurs
mœurs : J'ai tant entendu eſti-
mer la ſageſſe d'un Roi , qui,
preſſé par ſon Favori , d'aller
ſurprendre ſa Maîtreſſe entre les
bras d'un homme qu'elle aimoit,

X

faiſoit tant de bruit en y allant,
qu'il y avoit apparence, qu'il ne
vouloit ſurprendre qui que ce
ſoit : Le Favori au deſeſpoir,
croïant qu'il y alloit de l'honneur de ſon Maître , dit en ju-
rant , qu'il alloit tout tuer : Le
bon & ſage Roi lui répondit,
en le nommant par ſon nom,
Non, non , ne tuë point, ce ſe-
roit grande cruauté de tuer des
gens , parce qu'ils s'aiment; laiſ-
ſe-les vivre ; croi-moi, ils ne
ſont pas grand mal. Un autre
Roi auſſi ſage que le premier,
ſachant que ſa Maîtreſſe avoit
fait cacher ſous ſon lit le plus
aimable homme de la Cour, y
jetta une perdrix entiere & du
pain, en diſant, *Il faut qu'un cha-*
cun vive. Ces deux Rois n'é-
toient-ils pas bien guéris des
Opinions populaires , & n'ont-

ils pas donné l'exemple de me-
priſer des choſes, que la prévention de la plus grande partie des hommes leur fait regarder comme des affaires ſerieu-
ſes.

On trouve auſſi des Grands,
de qui l'exemple devroit avoir
guéri les gens du grand monde
de leur prévention contre les
Sciences : elle eſt ſi grande, qu'ils
croiroient être deshonorez, ſi
on les accuſoit d'emploïer
quelques heures de la journée
à l'étude des belles Lettres ; ils
ignorent apparemment, que les
Romains, qui étoient ſi fameux
par les vertus militaires, étoient
perſuadez, que les ſciences or-
noient & fortifioient une ame ;
ils parloient tous fort bien, &
apprenoient leurs Loix & la Politique auſſi ſoigneuſement que

le métier des armes; Les Em-
pereurs même étoient obligez
d'être savans ; ils avoient à parler tous les jours devant des
Senateurs, qui n'ignoroient rien,
& ç'eût été une tache à leur réputation, d'être réduits à se servir de l'éloquence d'autrui : Les
Consuls & les Senateurs qui
ont acquis tant d'honneur par
ces beaux discours prononcez
devant le Senat , dont nous a-
vons connoissance , en étoient-
ils moins propres à commander
des Armées ? N'ont-ils pas rendu par leur valeur leur République la Maîtresse du Monde ?
Cesar lui-même, si celebre par
ses grandes actions , ne nous en
a t-il pas donné des Relations
bien écrites ? Comment peut-
on juger qu'un homme soit mé-
prisable parce qu'il écrit ? On

dit cependant d'un ton méprisant, sans avoir examiné, s'il
écrit bien ou mal, *C'est un Auteur* ; & peu s'en faut qu'un homme, parce qu'il porte une épée,
ne dise encore ce qu'on disoit il
n'y a pas un siécle, *Est-ce que je
suis Clerc pour savoir ces sortes
de choses ?* Qu'arrive-t-il d'une
vanité si mal fondée ? Vous êtes
homme de qualité ; Vous êtes
femme de qualité, vous dédai-
gnez de vous instruire , vous
serez la duppe de vos gens d'affaires, par qui vous vous laisserez
conduire, comme un aveugle,
parce que vous croïez qu'il est
au dessus de vous d'apprendre
vos Loix & vos Coûtumes :
Trois choses sont absolument
necessaires pour la conduite de
la vie, toutes trois absolument
ignorées par les personnes qui

vivent dans le grand monde,
où l'on regarde comme unecho-
se honteuse de s'appliquer à apprendre les Loix, la Medeci-
ne, & même la Religion, par
la prévention que chacune de
ces sciences demande toute la
vie de celui qui s'y attache, &
par celle qu'on a qu'il n'est pas
honorable d'y être appliqué,
quand on fait profession des
Armes, ou qu'on est occupé
des amusemens du grand monde; & ce sont des erreurs dont
on ne revient que quand on est
ruïné par les procés, ou qu'on
est dans la vieillesse, accablé
de maladies; A l'égard de la
Religion, on ne pense à en apprendre que la superficie, parce qu'on est persuadé que les
questions de la Theologie ne
peuvent être sçûës que par ceux

qui font parvenus par tous les
degrez à être Docteurs de Sor-
bonne ; & cette erreur fait
qu'on neglige de s'instruire
d'une matiere si importante, &
qu'on se met entre les mains
d'un Directeur, à qui on donne
une autorité absoluë ; il ne seroit pourtant pas impossible à
tout homme qui a un bon esprit, de s'instruire suffisamment
de ces trois choses, où un chacun a tant d'interêt; si on se portoit à les étudier avec application dans les bons livres , &
dans de frequentes conferences
avec ceux qui les possedent ,
pourvû qu'on pût obtenir d'eux
qu'ils instruisissent de bonne
foi , & sans vouloir s'attribuer
tant d'autorité. On a des exemples en France de Grands qui
n'ignorent rien de ce que les

hommes peuvent favoir ; il y a aufſi des femmes , qui, quoique fort appliquées à leurs affaires, au ſoin de leur ſanté , & à ce qui touche la conſcience , ne ſe laiſſent pas gouverner ſouverainement par leurs Avocats , ne prennent pas de remedes dont elles n'aïent une parfaite connoiſſance , & n'ont pour Directeurs de leur conſcience , que des hommes qu'ils connoiſſent incapables d'abuſer de la confiance qu'on prend en eux : Il eſt donc neceſſaire de s'inſtruire, pour n'être pas la duppe des lumieres d'autrui , & rien ne ſeroit ſi raiſonnable, que de ne regarder pas avec mépris ceux qui ont travaillé à être plus inſtruits que les autres : Je pardonnerois à un Heros , qui auroit mené une vie

continuellement active, de faire
moins de cas d'un homme de
Lettres que de ses pareils, que
j'avoüe plus utiles à l'Etat que
ceux qui ne font simplement
que gens de Lettres ; mais ce
qui est pardonnable aux Heros,
ne convient pas de la même
maniere à ceux qui font sans
occupation dans le monde ; un
Joüeur, par exemple, qui n'a
jamais fait autre chose, de quel
droit méprise-t il ceux qui cherchent à être plus instruits que
lui ; qu'il dise, s'il veut, que
les hommes qui passent leur vie
dans un cabinet, font aussi
inutiles à la République que les
Joüeurs ; du moins devra-t-il
demeurer d'accord, que l'oisiveté qui se passe parmi les Livres est aussi honnête & plus
tranquille que celle qui se passe

dans le tumulte du jeu : On dira peut-être, que cette oisiveté produit trop de mauvais Livres : cela est vrai; mais les mauvais Livres sont-ils plus condamnables que les mauvais discours, qu'on est sujet à entendre à toutes les heures du jour ? au lieu qu'on est libre de choisir les Livres, les plus mauvais se trouvant même au goust de quelqu'un, car le discernement délicat n'est pas bien commun, ce qui est verifié par ce que Demosthene dit à un de ses amis, *qu'il faloit qu'il eût dit bien des impertinences, le jour qu'il avoit été tant applaudi du Public.*

Un Poëte qui savoit que le Public n'étoit pas prévenu en sa faveur, lui fit une supercherie, qui justifia qu'il n'est pas

toûjours un juge éclairé ni é-
quitable : il publia comme son
Ouvrage , celui d'un Savant,
de qui la reputation étoit
bien établie , & mit au jour celui dont il étoit veritablement
l'Auteur , sous le nom de ce Savant , pour qui le Public étoit
prévenu : L'Ouvrage du Savant
fut desapprouvé , & on admira
ce qu'avoit fait l'homme de qui
on n'avoit pas bonne opinion.
Les Libraires qui savent que le
Public se trompe dans ses jugemens , ont quelquefois l'industrie de debiter des Ouvrages
mediocres sous des noms de
grande reputation ; & si cette
petite subtilité ne trompe pas
tous ceux qui achettent des Livres , elle en trompe plusieurs ,
& cela suffit ; Un chacun croit
pourtant avoir beaucoup d'es-

prit & beaucoup de discernement, quoiqu'on affecte de la
modestie là-dessus, on vante
ordinairement la bonté de son
cœur & rarement son esprit;
ce n'est pas qu'on ne trouve des
personnes qui demeurent d'accord d'en avoir; on connoît
une Femme qui dit, lorsqu'on
la loüe d'avoir bien parlé, *Cela*
est-il si surprenant d'entendre
dire de bonnes choses à ceux qui
ont plus d'esprit que les au-
tres? Et on sait un Homme qui
fait les delices d'une Societé pré-
venuë qu'il a beaucoup d'esprit,
& à qui il échappe de dire quelquefois des impertinences; il
dit sur-tout, lorsqu'un jour on
le loüoit de ce qu'il venoit de
dire, *Vous me loüez à bon mar-*
ché, car d'aujourd'hui je n'ai

qui n'osent entreprendre de faire croire qu'ils aïent beaucoup d'esprit, ils se retranchent sur le jugement, & veulent persuader qu'ils en ont beaucoup, parce qu'ils font mystere de tout : s'ils parlent, c'est par énigme, de peur de se découvrir : Il a pourtant, *disent ses Partisans*, un esprit solide, & s'est acquis une grande capacité par le maniement des affaires qu'il a euës entre les mains; dites plûtôt qu'il a eu des Patrons qui l'ont mis en place, & qui ont eu assez d'autorité pour lui faire pardonner les fautes qu'il a faites ; Nous ne croïons pas facilement qu'un homme, qui ne parle que par monosyllabe, ait, comme on disoit autrefois, beaucoup de jugement,

connû, mais il faut parler à pro
pos. On disoit aussi dans les
tems passez ; *Il a de l'esprit,
mais il manque de jugement;*
Prévention ridicule : Avoir de
l'esprit, c'est savoir ce qu'on
fait & ce qu'on dit. Un homme
d'esprit peut être paresseux, il
peut n'être ni ambitieux ni pas-
sionné pour les richesses, mais
il sait ce qu'il faudroit faire,
pour satisfaire ces deux passions,
s'il les avoit, & s'il ne se donne
aucun mouvement pour s'enri-
chir, c'est qu'il aime mieux vivre en repos, & se regler sur le
peu qu'il a: Il ne pense pas aux
honneurs, parce qu'il sait qu'ils
coûtent trop de bassesses ; il est
peut-être satisfait de les meriter, aprés avoir reflechi que
c'est un bien qu'il faudroit a-

fera cependant son procés, on
le blâmera d'autorité absoluë,
de n'avoir sçû se servir de ses
talens ; il faut qu'il passe condamnation , puisqu'il n'a pas
réüssi dans ses entreprises ; s'il
vouloit se justifier , il diroit qu'il
a cherché du repos aprés s'être
beaucoup agité ; qu'il le prefe-
re à tout le bien qu'on peut ac-
querir dans une vie pleine de
tumultes, où l'on ne sauroit faire un pas, qu'on ne trouve des
barrieres à forcer, des intrigues
à détruire , des contradictions
continuelles à combattre , &
toûjours quelque chose à disputer avec des ennemis declarez,
ou ceux qu'on ne connoît que
par les maux qu'ils ont fait, &
il a reflechi qu'il n'y a rien d'un
assez grand prix pour meriter
qu'on l'acquiere aux dépens de

tant de peines. Mais, *dira quelqu'un*, peut-on renoncer à tout; & ne compte-t-on pour rien *les* honneurs que reçoit un homme qui fait de grandes entreprises ? Il est vrai qu'il est honoré, qu'*il* est estimé; C'est, *dit-on*, un habile homme; il a bien conduit une grande affaire, on l'attend avec impatience, parce qu'on croit qu'il revient avec des richesses immenses ; tous ceux qui sont interessez dans son entreprise, se promettent d'être riches: Qu'il a d'esprit, *disent-ils* ! Il seroit capable de faire réüssir les plus grands desseins; Prenez un peu de patience, vous deciderez, quand vous le verrez de retour ; on l'attend à une Croisiere avec des forces superieures aux siennes; S'il est rencontré & battu, s'il

perd les fruits de ses travaux,
que d'ennemis il aura dans sa
disgrace ! On changera bien de
langage : Il s'est laissé surprendre, *dira-t-on* ; il a été trop paresseux à partir ; il ne s'est pas
assez défendu ; la tête lui a
tourné ; il faloit du moins a-
voir mis le feu à son Vaisseau,
pour ôter à ses Ennemis le plaisir de triompher de ses travaux;
Le Public, *dira-t-on encore*, s'est
laissé tromper ; il a trop pris de
confiance aux discours d'un
homme qui presumoit trop de
sa capacité. Quelle ressource
trouvera dans son malheur un
homme si generalement haï ?
Supposé qu'il ait veritablement
eu une bonne conduite, il trouvera un maître équitable, qui
ne juge pas de la prudence des
hommes par les évenemens, &

Y

qui l'emploïera en d'autres occasions, s'il n'a été que malheureux, malgré les plaintes
que fera le Public frustré de
ses grandes esperances.

L'approbation d'un bon Maître peut bien consoler de toutes
les injustices du Peuple qui condamne impitoïablement tous
les malheureux ; jamais il ne
fait grace, non plus que *Madame de* .... juge severe, qui
condamne toûjours, sans vouloir écouter aucune raison : Les
Femmes sont toutes, *dit-elle*,
dans de grands déreglemens, &
les Hommes ne sont jamais assez braves ; si elle en fait quelqu'un qui ait quitté le service,
ou qui soit revenu à Paris quelques jours devant la fin de la
Campagne, elle dit, sans mar-
chander, que c'est un homme

fans courage ; elle eft toûjours
en colere contre tout le Genre
humain, & n'approuve jamais
perfonne, croïant avoir droit
par fes feules lumiéres naturel-
les, de décider fur toutes fortes de matieres ; car elle decla-
re qu'elle n'en a pas d'autres,
& avoüe de bonne foi, qu'elle
n'a jamais lû que l'*Almanach*,
& quelquefois le *Mercure Ga-
lant*; Cependant rien n'échappe à fa cenfure, ne connoiffant
dans le monde de vertu que la
fienne, qui ne fut jamais atta-
quée; elle eft toûjours prête à
jetter la premiere pierre, croïant
y avoir droit par le precepte du
grand Juge, qui le permet à
quiconque eft fans tache; Elle
a beaucoup de vertu, j'en conviens, mais en auroit-elle moins,
quand elle feroit moins farou-

che ? Si on examinoit bien ces personnes qui ne pardonnent rien au prochain , ne trouveroit-on pas qu'elles ont quelquefois besoin de l'indulgence, qu'elles refusent aux autres ? Et quand elles n'en auroient pas encore besoin , peuvent-elles s'assurer de perseverer en cet état jusqu'au dernier jour ? Y a-t-il quelqu'un qui puisse répondre de l'avenir ? Ne voit-on pas tant de beaux commencemens se démentir ? Un homme d'esprit nous a dépeint en deux paroles nos inconstances & nos fragilitez, quand il a dit , que *l'homme est aujourd'hui dans un casque , & demain dans un froc :* Ceux qui ont quelque experience des affaires du monde, ont souvent vû arriver de changemens considerables dans un même homme, d'un jour au lendemain : N'a-t-on pa vû des Officiers, le fabre à la main, à la tête d'un Escadron, marcher fierement aux Ennemis, qui n'ont pû se tenir une heure sous le feu d'une batterie de canon, sans faire voir de la foiblesse ? On ne peut donc pas répondre d'être toûjours le maître des mouvemens de la Nature, & si cela est vrai, ne doit-on pas compâtir aux foiblesses d'autrui, & se garder d'insulter son voisin, quand il tombe en quelque faute, ne sachant pas quand on aura besoin de la même indulgence ? On a vû des hommes dans de grandes places, traiter d'ignorans ceux de qui ils étoient obligez le lendemain de reconnoître qu'ils avoient reçû de bons avis : Un Ambas-

sadeur irrité contre un Gentilhomme particulier, de ce qu'il
lui disoit la premiere nouvelle
d'une intrigue dangereuse, faite contre son Maître, & dont
il n'avoit encore eu aucune
connoissance, lui dit avec em-
» portement, que c'étoit la fo-
» lie de tous les Particuliers, de
» croire mieux savoir le s affai-
» res , que ceux qui pouvoient
» en être avertis de mille en-
» droits , & qui ne negligeoient
» rien pour les apprendre , &
» qu'enfin il n'appartenoit qu'à
» ceux qui avoient les ordres &
» les secrets des Souverains, de
» parler de pareilles affaires ,
» dont ils étoient infaillible-
» ment instruits les premiers. Ce
Gentilhomme répondit simple-
» ment , Monsieur l'Ambassa-
» deur changera peut-être bien

tôt de langage: Ce qui se trouva vrai , car dés le lendemain
l'Ambassadeur voulut savoir
d'où venoit l'avis qu'il recon-
noissoit bon , & qu'il avoit eu
le malheur d'avoir reçû bien-
tard ; Mais qui sont les hommes qui peuvent s'assurer de
n'être pas sujets à l'erreur? Combien de grands hommes de l'Antiquité ont suivi jusqu'à la mort,
des opinions extravagantes ?
Les Philosophes n'ont-ils pas
défendu chacun la sienne ,
avec opiniâtreté ? Combien y
en a-t-il eu qui ont soûtenu la
Metempsycose ? Et ceux qui
ont avancé que le Monde étoit
formé de la rencontre fortuite
des atomes , n'ont-ils pas eu
des Sectateurs ? Combien voit-
on encore d'Opinions generalement suivies par tous ceux qui

portent le même habit, & con-
testées par de grandes Societez,
opposées par interêt ou par jalousie ? Ne serions-nous pas
surpris , si nous trouvions encore presentement des hommes
qui eussent pour les grandeurs
& les richesses les sentimens de
Diogene ? Et ne regarderions-
nous pas comme un foû celui
qui ne demanderoit à un grand
Roi, qui seroit allé le voir, que
la même grace que cet homme
si singulier demanda à Alexandre, *Qu'il lui plût seulement de
le laisser en repos dans sa petite
habitation* , qui n'étoit qu'un
tonneau ? Nous serions aussi surpris d'entendre dire à un Con-
querant, ce que dit le plus fameux de tous , *qu'il eût voulu
être Diogene , s'il n'étoit Alexandre.* Ce souhait-là est bizarre;

zarre ; Un Prince qui eût voulu trouver de nouveaux Mon-
des pour les conquerir, pouvoit-il porter envie à un homme qui faisoit consister toute sa
felicité dans le mépris des
Grandeurs ? Ne peut-on pas
être sage, sans se porter à de si
grandes extremitez ? Il est vrai
que l'opinion que les Anciens
se formoient de la Vertu, les a
souvent poussé bien loin : Caton d'Utique, ce Sage de son
tems, nous en a donné un exemple ; il se tua, ne pouvant sur-
vivre à la liberté de sa Patrie,
ou parce qu'il avoit le cœur trop
haut pour avoir recours à la cle-
mence du Vainqueur, qui étoit
si connuë, qu'il en pouvoit tout
esperer à moins qu'on ne veüil-
le dire ; que la persecution con-

tinuelle de la fortune qui avoit abbatu son parti , lui eût fait perdre courage , & préferer la mort à une vie où il n'envisageoit que de nouveaux malheurs, qu'il n'avoit plus la fermeté de soûtenir.

N'a-t-on pas vû d'autres hommes saisis de peur , aller au devant de la mort, n'en pouvant soûtenir la vûë ? Un Officier voïant son Vaisseau couler bas sous ses pieds , se jetta dans la Mer la tête envelopée dans son manteau, comme s'il eût voulu aller au devant de la mort, qu'il ne pouvoit regarder en face. La peur est sans doute celle de toutes les passions qui jette une ame dans de plus grands troubles : J'en ai vû arriver des effets étranges : Dans le seaux levoient leurs équipages, le Marquis *de Preüilly-d'Humieres*, qui répandoit beaucoup d'argent pour avoir des Hommes bienfaits, avoit entre autres débauché un Soldat à un Capitaine d'un vieil Corps, qui en aïant eu nouvelle l'alla reclamer: Le Marquis de Preüilly, qui étoit honnête homme, avoüa de bonne foi, qu'il l'avoit trouvé de si bonne mine, qu'il n'avoit pû se resoudre à le refuser; qu'il savoit qu'il avoit fait une injustice, & il offroit de la reparer aux dépens de tout l'argent qu'on voudroit: Le Capitaine refusa l'argent, & dit qu'il vouloit son Soldat; on lui offrit trois hommes en sa place, parce qu'on ne vouloit pas livrer ce pauvre Soldat à

ter, s'il étoit mis dans le Con-
seil de Guerre; On le fit venir
pour demander lui-même sa
grace, & le Marquis de Preüilly la demanda avec tant d'in-
stance, que le Capitaine d'Infanterie ne la put refuser. Ce
Soldat, qui s'étoit vû durant la
contestation balotté entre la vie
& la mort, avoit été tellement
saisi de peur, que s'étant jetté
aux pieds du Marquis de Preüilly son liberateur, il falut lui aider à se relever, & la fiévre
l'aïant pris en cet état, il en
mourut trois jours aprés, quoiqu'on eût pris grand soin de sa
guérison.

De toutes les occasions où
les hommes sont exposez à
la mort, celle où il est plus
difficile de conserver de la fermeté, est un combat naval.

parce qu'on y est en même tems
menacé de plusieurs sortes de
morts ; on entend toûjours un
boulet de canon fort prés de
ses oreilles, & il emporte quelquefois deux ou trois hommes,
& on voit des Brulots devant
soi, qui cherchent à prendre
leur tems pour aborder ; le feu
peut prendre aux poudres par
mille accidens ; deux ou trois
coups de canon à fleur-d'eau
peuvent faire couler bas un
Vaisseau ; tellement que, bien
que tous ces accidens arrivent
rarement, comme ils peuvent arriver à tous momens , il faut
une grande fermeté pour les en-
visager un jour entier , qui est
fort souvent le tems que du-
rent de pareils combats ; Aussi
y voit-on plus qu'ailleurs , les
ames ébranlées: J'ai vû dans une

Nation plus accoûtumée que quelques autres à ces sortes d'occasions, d'anciens Officiers en grand desordre ; j'y ai vû principalement un homme de Qualité, qui avoit beaucoup de réputation, si abbatu, qu'à peine se pouvoit-il tenir sur ses pieds ; & s'il étoit vrai qu'on eût des pressentimens de ses disgraces, comme le dit le Vulgaire, on pourroit dire qu'il en eut de la sienne ; car un peu de tems devant le combat, il faisoit de belles reflexions sur la folie des hommes, qui s'exposent à de si grands dangers pour un peu de fumée, & de belles resolutions de renoncer au monde & à tous les honneurs, pour se retirer dans un lieu où rien ne l'empêchât de penser à l'unique affaire sérieu se, que les hommes aïent : Il étoit apparemment occupé de ces pensées quand le combat commença, & il avoit raison, car le premier coup de canon que les Ennemis tirerent, lui emporta une jambe, dont il mourut quelques jours aprés ; Voilà un exemple capable de fortifier dans leurs Opinions ceux qui croïent que plusieurs ont eu des pressentimens de leur mort ; mais cependant ce pressentiment n'est que la peur de mourir, qui est naturelle à tous, & qui faisant tomber quelques-uns dans de grandes foiblesses, donne lieu de dire, que ceux d'entre eux qui meurent, ont eu des pressentimens de leur mort ; & on ne fait pas reflexion que plusieurs autres qui ne meurent pas, ont senti les mêmes mouvemens de la Nature.

Si l'amour que quelques-uns ont pour la vie, les fait tomber en de grandes foiblesses, on en voit d'autres prévenus d'opinions toutes differentes, faire des actions si extraordinaires, qu'on ne peut pas douter qu'ils ne la méprisent. Un Gentilhomme François, poussé par le mépris de la vie, ou par la passion pour la gloire, se fit fort remarquer dans le combat dont je parle; il lui en coûta la vie; Monsieur le Prince *Robert*, commandant les François & les Anglois joints ensemble; contre les Hollandois qu'il alloit attaquer dans leurs bancs, avoit détaché les Vaisseaux qui tiroient le moins d'eau, pour suivre les Ennemis dans leur riviere, s'ils plioient ; comme il l'avoit crû : L'ordre des Vaiſſeaux détachez étoit de rentrer chacun dans ſa diviſion , ſi les Hollandois faiſoient ferme, comme ils firent. Le Gentilhome de qui je parle, qui avoit nom *Tiva*, & deux ou trois autres Capitaines François , qui n'avoient que de petits Vaiſſeaux , au lieu de rentrer au Corps de bataille , ſous le Pavillon de Monſieur le Comte d'Eſtrées, tomberent à la poupe de Monſieur le Prince Robert, qui étoit à l'Avant-garde; ce qui lui fit tellement craindre la confuſion,qu'il leur cria pluſieurs fois avec emportement, d'aller à leurs diviſions , mais les deux Armées ſe trouvant bien-tôt à portée de commencer le combat, il fut ſurpris de voir tomber les François vergue à vergue avec l'Amiral Tromp & les Vaisseaux qui lui servoient de Matelots ; *Tiva* qui commandoit le plus fort de ces Vaisseaux François, fut celui qui prêta le côté à l'Amiral, Vaisseau de quatre-vingt pieces de canon de fonte, & fit pendant deux heures un feu, qui étonna Monsieur le Prince Robert, & qui lui fit dire plusieurs fois, *Voilà un brave homme, il n'y a qu'un Gentilhomme François capable d'une action si hardie* ; mais on vit tout d'un coup ces deux Vaisseaux se separer, & un moment aprés, le Pavillon Amiral sur un autre Vaisseau ; c'est que le premier qui l'avoit porté, étoit en si grand desorde, que M. Tromp fut obligé de le quitter pour pouvoir agir sur un autre ; & celui de Tiva étoit percé de tant de coups, qu'il faisoit eau de tous côtez, & qu'on étoit bien occupé à l'empêcher de couler à fond, & ce qui étoit plus malheureux, un coup de canon avoit coupé Tiva en deux dans le tems qu'il couroit à son Pilote pour lui ordonner d'aborder l'Amiral, qui lui avoit crié, *Tu fais bien le fanfaron, aborde donc ?* Ce que Tiva alloit executer, s'il eût vécu encore un moment. Voilà des Opinions bien differentes qui gouvernent les hommes, si bien qu'on peut souscrire à l'axiome que cite Monsieur Paschal, *Opinione, Regina del mondo*, & à celle qui dit dans une autre Langue, que chaque tête a son Opinion: *Tot capita Tot sensus.*